Porphyre de Tyr

L'Antre des nymphes

suivi de

Lettre à Gauros, sur la manière dont l'embryon reçoit l'âme

Traduit du grec par Joseph Trabucco

L'ANTRE DES NYMPHES

1. Ce qu'Homère veut faire entendre par l'antre d'Ithaque qu'il décrit en ces vers :

A la tête du port se dresse un olivier aux longues feuilles.
Tout à côté il y a un antre agréable et sombre
Consacré aux Nymphes que l'on nomme Naïades,
Au dedans sont des cratères et des amphores.
De pierre, où les abeilles construisent leurs rayons ;
Il y a aussi de très longs métiers de pierre, sur lesquels les Nymphes
Tissent des toiles teintes de pourpre merveilleuses à voir ;
Là encore coulent des eaux continuelles ; et il y a deux entrées :
L'une, au nord, laisse descendre les hommes ;
L'autre, au midi, plus divine, et par elle
Les hommes n'entrent pas, mais c'est la route des Immortels.

2. Ce n'est pas dans les récits des historiens qu'Homère a pris ce qu'il raconte ; les auteurs qui ont décrit l'île en sont la preuve ; car aucun d'eux n'a fait mention de l'antre, ainsi que le remarque Cronius. D'autre part, si l'antre était une fiction poétique, il serait invraisemblable qu'un poète ait espéré faire croire à l'aide d'une fable arbitraire et ourdie capricieusement qu'un mortel eût établi sur la terre d'Ithaque des routes pour les hommes et les dieux, ou qu'à défaut d'un mortel, la nature eût tracé un chemin par où descendraient tous les hommes et un autre par où monteraient tous les dieux. Car le monde entier est plein d'hommes et de dieux et nous ne sommes pas près de nous laisser persuader que dans l'antre d'Ithaque les hommes descendent et les dieux montent.

3. Ayant fait ces remarques Cronius dit que non seulement pour les sages, mais aussi pour la foule, il est bien évident que le poète s'exprime dans ces vers d'une façon allégorique et figurée, ce qui nous oblige à rechercher quelle est la porte des hommes et la porte des dieux et ce que signifie cet antre dit l'Antre des Nymphes avec sa double entrée, cet antre à la fois agréable et sombre, tandis que

ce qui est sombre n'est d'ordinaire aucunement agréable, mais plutôt effrayant. Pourquoi en outre Homère ne dit-il pas simplement : dédié aux Nymphes, mais par une attribution très précise, à celles que l'on nomme Naïades ? Que signifient les cratères et les amphores où l'on ne dit pas qu'aucun breuvage soit versé, mais où les abeilles construisent leurs rayons comme dans des ruches ? Puis ce sont les métiers très longs placés pour les Nymphes ; mais pourquoi ne sont-ils pas faits de bois ou d'une autre matière, mais de pierre comme les amphores et les cratères ? Cela, il est vrai, est moins obscur que le reste ; mais sur des métiers de pierre, les Nymphes tissent des toiles teintes de pourpre, ce qui n'est pas merveilleux seulement à voir, mais encore à entendre. Comment croire en effet que des déesses tissent des vêtements teints de pourpre dans un antre obscur sur des métiers de pierre, surtout lorsqu'on lit qu'on peut voir ces étoffes tissées par les déesses et la pourpre dont elles sont teintes. Ajoutez ce trait étonnant que l'antre a une double entrée, l'une pour la descente des hommes, l'autre pour l'ascension des dieux, et que l'entrée des hommes est tournée vers le nord et l'entrée des dieux vers le midi. La difficulté n'est pas petite de comprendre pour quelle raison Homère a assigné le nord aux hommes et le midi aux dieux et pourquoi il ne s'est pas plutôt servi du levant et du couchant ; car dans presque tous les temples les statues et les portes sont orientées au levant et ceux qui y pénètrent regardent le couchant, lorsque, face aux statues, ils apportent aux dieux leurs prières et leurs soins.

4. Le récit d'Homère étant rempli de telles obscurités, il n'y faut pas voir une fable capricieusement imaginée pour divertir l'esprit et il ne contient pas davantage la description d'un lieu réel, mais c'est bien une allégorie du poète qui a placé mystiquement aussi un olivier près de la grotte. Découvrir et expliquer le sens de tous les traits allégoriques du récit parut une tache malaisée aux anciens et à nous aussi qui après eux tentons l'interprétation. Aussi, semble-t-il que ceux-là négligent la vérité géographique qui considèrent comme une pure fiction du poète l'antre et tout ce qui en est raconté. Les géographes les meilleurs et les plus exacts pensent autrement : Artémidore d'Éphèse écrit dans le cinquième livre de son œuvre divisée en onze livres : « En allant de Panorme, port de Céphalonie, vers le levant, à une distance de douze stades se trouve l'île d'Ithaque, longue de quatre-vingt-cinq stades, étroite et élevée ; elle a un port appelé Phorkyn et sur le rivage, il y a un antre consacré aux Nymphes où l'on rapporte que les Phéaciens laissèrent Ulysse. » Ainsi, tout n'aurait pas été inventé par Homère. Mais que son récit reproduise la réalité ou qu'il y ajoute quelques traits, les mêmes questions

subsistent pour celui qui recherche quel fut le dessein des hommes qui consacrèrent l'antre ou du poète qui l'aurait imaginé : car les anciens ne consacrèrent point de temples sans symboles mythiques et sur ce sujet Homère ne raconte rien au hasard. Plus on s'appliquera à montrer que tout ce qui se rapporte à l'antre n'a pas été imaginé par Homère et que l'antre avant le poète était déjà dédié aux dieux, plus ce lieu sacré apparaîtra plein de la sagesse antique. C'est pourquoi il vaut la peine et il est nécessaire d'en expliquer la consécration symbolique.

5. Les anciens consacraient avec raison les antres et les cavernes au monde pris dans sa totalité ou dans ses parties : c'était chez eux une croyance traditionnelle que la terre symbolise la matière dont le monde est fait ; c'est pourquoi certains ont pensé que là aussi par la terre il fallait entendre la matière. Par les antres les anciens signifiaient le monde composé de matière ; en effet, la plupart du temps, les antres ont une existence spontanée, ils font corps avec la terre et sont pris dans une roche uniforme dont l'intérieur est creux et dont l'extérieur s'ouvre sur l'espace sans bornes de la terre. Le monde aussi est né spontanément, participant à la matière, il est lié étroitement à celle-ci qui est désignée mystérieusement par la pierre et la roche parce qu'elle est brute et qu'elle résiste à la détermination ; et parce qu'elle est informe, on la regardait comme infinie. Mais comme elle est fluide et n'a pas la forme qui détermine les choses et les rend visibles, on a pris justement l'abondance des eaux et l'humidité des antres, leurs ténèbres et, comme dit le poète, leur obscurité pour symbole de tout ce qui est dans le monde à cause de la matière.

6. C'est donc à cause de la matière que le monde est obscur et ténébreux ; mais par la forme qui s'y ajoute et l'ordonne (c'est pour cela qu'on le nomme *kosmos*), il devient beau et agréable. C'est avec raison que l'antre est appelé agréable, il est tel au premier abord parce qu'il participe aux formes, puis obscur si l'on réfléchit à ses profondeurs et si on y pénètre en esprit. Ainsi, l'extérieur en est superficiellement agréable et l'intérieur et les profondeurs en sont obscurs. Pareillement, les Perses dans la cérémonie d'initiation au mystère de la descente des âmes et de leur régression donnent le nom de caverne au lieu où s'accomplit l'initiation. Selon Euboulos, Zoroastre, le premier, sur les montagnes voisines de la Perse consacra en l'honneur de Mithra, créateur et père de toutes choses, un antre naturel, arrosé par des sources, couvert de fleurs et de feuillages. Cet antre représentait la forme du monde créé par Mithra et les choses qui y étaient dis-

posées à des intervalles réguliers symbolisaient les éléments cosmiques et les climats. Après Zoroastre, l'usage persista d'accomplir les cérémonies de l'initiation dans des antres et des cavernes soit naturels soit creusés de main d'hommes. Car de même que l'on consacrait aux dieux olympiens des temples, des sanctuaires et des autels, des stèles aux dieux terrestres et aux héros, des fosses et des trous aux dieux souterrains ; de même, on dédiait au monde des antres et des cavernes ainsi qu'aux Nymphes à cause des eaux qui tombent goutte à goutte et jaillissent dans les antres et auxquelles président les Naïades, comme nous le dirons bientôt.

7. On ne considérait pas seulement l'antre comme un symbole du monde sensible, ainsi que je viens de le dire, mais aussi de toutes les forces cachées de la nature ; car les antres sont obscurs et l'essence de ces forces est mystérieuse. Et de même que Saturne s'aménage un antre dans l'Océan et y cache ses enfants, de même Cérès élève Proserpine dans un antre parmi des Nymphes. On trouverait beaucoup d'autres exemples analogues en parcourant les écrits des théologiens.

8. Que les antres aient été dédiés aux Nymphes et particulièrement aux Naïades qui habitent près des sources et qui tirent leur nom des eaux d'où elles prennent leurs cours, c'est ce que montre l'hymne à Apollon, où il est dit :

Pour toi les sources des eaux spirituelles
Coulent perpétuellement dans les antres,
Nourries par le souffle de la terre, pour les Oracles,
Divins de la Muse ; et sur la terre
Coulant de tous côtés
Elles offrent aux mortels de leurs douces eaux
Les continuelles effusions.

S'inspirant, il me semble, de ces croyances, les Pythagoriciens et après eux Platon, appelèrent le monde un antre et une caverne. Dans Empédocle les puissances conductrices des âmes disent :

Nous sommes arrivés dans l'antre caché.

Et dans Platon au livre VII de la République, il est dit : « *Voici les hommes comme dans un souterrain et dans une demeure pareille à une caverne, avec une*

8

entrée largement ouverte du côté de la lumière dans toute la caverne. » Alors, l'in-terlocuteur disait : « *Tu te sers d'une comparaison absurde.* » L'autre ajoute : « *Il faut donc, mon cher Glaucus, que je l'accommode de tous points à ce que nous avons dit auparavant. La demeure que nous avons sous les yeux ressemble à une prison et le feu qui y brille a la puissance du soleil.* »

9. Cela prouve que les théologiens ont pris les antres pour symbole du mon-de et des forces qu'il renferme, mais, j'en ai fait la remarque, ils les ont pris aussi pour symbole de l'essence intelligible pour diverses raisons qui ne sont pas les mêmes ; car les antres figurent le monde sensible, parce qu'ils sont obscurs ro-cheux et humides et que le monde, à cause de la matière dont il est composé, est réfractaire à la détermination et fluide. Mais ils symbolisent aussi le monde intelligible parce que l'essence est invisible, permanente et fixe. Pareillement, les forces particulières sont obscures pour les sens, surtout lorsqu'elles sont unies à la matière. Car c'est en considérant qu'ils sont naturels, sombres comme la nuit et creusés dans la pierre, que l'on a fait des antres des symboles, et point du tout en considération de leur forme ainsi que le croyaient certains ; tous les antres en effet ne sont pas sphériques comme l'antre d'Homère avec ses deux portes.

10. L'antre étant double ne représentait pas seulement l'essence intelligible, mais encore la nature sensible ; et celui dont il est question maintenant, parce qu'il contient des eaux intarissables, ne symbolise pas l'essence intelligible, mais l'essence unie à la matière. Pour cette raison il n'est pas consacré aux Nymphes Orestiades (des montagnes), ni aux Nymphes Acréennes (des sommets), mais aux Naïades qui tirent leur nom des sources. Nous nommons proprement Naïa-des, les Nymphes qui président aux forces des eaux, mais on appelait de ce nom toutes les âmes qui descendaient dans la génération. On pensait en effet que les âmes se tiennent auprès de l'eau visitée par le souffle divin ; c'est ce que dit Nu-ménius expliquant ainsi la parole du prophète : « *L'esprit de Dieu était porté sur les eaux*». Pour cette raison aussi les Égyptiens ne plaçaient pas tous les *daïmones* sur un élément solide et stable, mais ils les situaient tous sur un navire, même le soleil et tous ceux en un mot qui doivent assister au vol, sur l'élément humide, des âmes qui descendent dans la génération. De là la parole d'Héraclite : « *Ce n'est pas mourir pour les âmes de devenir humides, c'est un bonheur, c'est un bonheur pour elles de tomber dans la génération.* » Et ailleurs, il dit encore : « *Vivre pour elles c'est mourir et ce que nous appelons la mort c'est, pour elles, la vie.* » Aussi le poète

appelle-t-il *dierous*; c'est-à-dire frais, les hommes qui vivent dans le monde de la génération parce qu'ils ont des âmes humides. En effet, ces âmes aiment le sang et la semence humaine et l'eau sert d'aliment aux plantes.

11. Certains affirment que les habitants de l'air et du ciel se nourrissent des vapeurs émanées des sources et des fleuves, ainsi que d'autres exhalaisons. Les philosophes du Portique ont cru que le soleil tirait sa nourriture des exhalaisons de la mer; la lune, des vapeurs des sources et des fleuves et les astres de celles de la terre. Ainsi, le soleil, la lune et les étoiles seraient des flambeaux spirituels issus de la mer, des eaux des fleuves et de la terre. Nécessairement donc, les âmes sont ou corporelles ou incorporelles et elles attirent les corps; et surtout celles qui doivent être unies au sang et à un corps humide ont du penchant pour le principe humide et s'incarnent chargées d'humidité. C'est pourquoi on évoque les âmes des morts avec des libations de bile et de sang et aussi que les âmes amies du corps attirant à elles le souffle humide le condensent comme un nuage. Car l'eau condensée en vapeur produit un nuage, et le souffle se condensant dans les âmes par l'excessive abondance d'humidité, ces âmes deviennent visibles. De ce nombre sont celles dont le souffle est souillé et qui apparaissent aux hommes sous la forme de spectres. Mais les âmes pures se détournent de la génération. Aussi Héraclite : « *L'âme sèche est la plus sage.* » C'est pour cela aussi que le désir du coït rend le souffle mouillé et plus humide parce que l'âme qui incline à la génération attire la vapeur humide.

12. Les Naïades sont donc les âmes qui se portent vers la génération. Aussi, a-t-on coutume d'appeler : Nymphes les jeunes filles qui se marient, parce qu'elles s'unissent en vue de la génération, et de les baigner avec l'eau des fontaines, des ruisseaux et des sources qui ne tarissent pas. D'ailleurs pour les âmes parvenues à la perfection de leur nature et pour les *daïmones* générateurs, le monde est sacré et agréable, bien que naturellement obscur et ténébreux; ce qui a fait croire que ces âmes étaient aériennes et tiraient de l'air leur substance. Ainsi le sanctuaire qui devait leur convenir sur la terre c'était bien un antre agréable et obscur à l'image du monde où comme dans un grand temple se tiennent les âmes. Aux Nymphes qui président aux eaux convient aussi un antre où coulent des eaux continuelles. Il faut donc attribuer l'antre dont il est question aux âmes et, parmi les puissances plus particulières, aux Nymphes. Celles-ci, parce qu'elles veillent sur les sources (*nâma*) et les fontaines (*pègê*), sont appelées Pégées et Naïades.

Quels symboles divers avons-nous donc qui conviennent les uns aux âmes, les autres aux puissances des eaux, pour penser que l'antre est consacré à la fois aux âmes et aux Nymphes? Assurément les cratères et les amphores symbolisent les Nymphes Hydriades. Car les amphores et les cratères étant faits d'argile, c'est-à-dire de terre cuite, sont les symboles de Bacchus; en effet, ils conviennent au présent du dieu de la vigne, puisque le fruit de la vigne est mûri par le feu du Ciel.

14. Mais les cratères et les amphores de pierre conviennent parfaitement aux Nymphes qui président aux eaux jaillies de la pierre. Quel symbole conviendrait mieux que les métiers aux âmes qui descendent dans la génération et la production des corps? Voilà pourquoi le poète a osé dire que sur ces métiers les Nymphes:

Tissent des toiles teintes de pourpre admirable à voir.

Car c'est dans les os et autour des os que se forme la chair. Ils sont la pierre du corps des animaux à cause de leur extrême ressemblance avec la pierre. C'est pour cette raison qu'il est dit que les métiers sont faits de pierre et nom d'une autre matière. Les toiles de pourpre seraient par contre la chair faite de sang. Car les toisons de pourpre et la laine sont teintes avec le sang des animaux et la chair vient du sang et se fait avec lui. Et le corps est le vêtement de l'âme: spectacle merveilleux, soit qu'on en considère la composition ou l'union avec l'âme. Ainsi, Proserpine qui veille sur tout ce qui naît d'une semence est représentée par Orphée tissant de la toile et les anciens comparaient le ciel à un péplos parce qu'il enveloppe les dieux célestes.

15. Mais pourquoi les amphores sont-elles pleines non d'eau, mais de miel? Car dit Homère,

Les abeilles construisent leurs rayons.

Tithaibôssein, c'est manifestement *titénai* et *tên bosin*, ce qui veut dire déposer la nourriture; or les abeilles mangent et boivent du miel. Les théologiens se sont servis du miel pour un grand nombre de symboles divers. Le miel en effet possède des propriétés nombreuses; il purifie et conserve, grâce à lui beaucoup de choses restent incorruptibles et des blessures anciennes sont guéries par lui, il est doux à goûter et fait des fleurs par les abeilles qui naissent parfois des bœufs. Aussi en versant sur les mains de ceux que l'on initie aux mystères léontiques, afin de les laver, du miel au lieu d'eau, on leur prescrit de garder leurs mains pures de toute action fâcheuse, malfaisante et infâme, et parce que le feu purifie, on offre aux mystes ces effusions spéciales, l'eau étant écartée comme contrariant l'action du feu. Bien plus le miel purifie la langue de toute erreur.

16. Mais en offrant du miel au Perse gardien des récoltes, on symbolise sa fonction de gardien. C'est pour cette raison que certains ont pris pour du miel le nectar et l'ambroisie que le poète fait couler goutte à goutte dans les narines des morts pour empêcher la décomposition. Car le miel est la nourriture des dieux. C'est pour cela encore qu'il appelle quelque part le nectar *roux*, sa couleur en effet est pareille à celle du miel. Mais nous examinerons ailleurs de plus près s'il faut entendre le miel dans le sens de nectar. Au reste, dans Orphée, Jupiter tend un piège à Saturne au moyen du miel : celui-ci, gorgé de miel, est pris d'ivresse et de vertige comme s'il avait bu du vin et s'endort, ainsi que dans Platon, Poros après qu'il s'est gorgé de nectar. Car chez Orphée la Nuit dit à Jupiter pour lui conseiller la ruse à l'aide du miel :

Quand tu le verras sous les chênes à la cime chevelue
Ivre des œuvres des abeilles au bourdonnement sonore,
Enchaîne-le.

Telle est l'aventure de Saturne : il est lié et châtré comme Uranus. Le poète théologien fait entendre par là que la volupté enchaîne les puissances divines et les fait tomber dans la génération et que celles-ci énervées perdent dans le plaisir une partie de leurs forces. Ainsi lorsque Uranus poussé par le désir du coït descend sur la terre il est châtré par Saturne. Pour les théologiens la douceur du miel qui allèche Saturne et le fait châtrer n'est pas autre chose que le plaisir du coït. Car Saturne le premier de ceux qui s'opposèrent à Uranus est aussi une sphère céleste ; et certaines forces descendent du ciel et des planètes ; mais Saturne recueille celles qui viennent du ciel et Jupiter celles qui viennent des planètes.

17. Le miel passant pour purifier, préserver de la corruption naturelle et exciter à la génération par l'attrait du plaisir est pris à juste titre pour symbole

des Nymphes Hydriades parce que les eaux auxquelles président celles-ci sont incorruptibles, purificatrices et qu'elles aident à la génération. Car l'eau aide à la génération. Pour cette raison les abeilles construisent leurs rayons dans des cratères et des amphores. Les cratères symbolisent les sources (ainsi auprès de Mithra est placé un cratère en guise de source) et les amphores figurent les vases avec lesquels nous puisons l'eau des sources.

18. Les sources et les fontaines conviennent aux Nymphes Hydriades et particulièrement aux âmes nymphes que les anciens appelaient proprement abeilles parce qu'elles sont ouvrières de plaisir. Aussi Sophocle a-t-il dit des âmes sans inexactitude :

L'essaim des morts bourdonne et monte.

Les anciens donnaient encore le nom d'abeilles aux prêtresses de Cérès en tant qu'elles étaient chargées d'initier aux mystères de la déesse souterraine et ils disaient Koré douce comme le miel. Ils appelaient aussi abeille la lune qui préside à la génération et d'un autre nom taureau ; car le signe du Taureau est le point d'exaltation de la lune ; et comme les abeilles naissent des bœufs, on nomme *Née des bœufs* les âmes qui vont vers la génération et *Voleur de bœufs* le dieu qui connaît les secrets de la génération.

On a fait aussi du miel le symbole de la mort (c'est pour cela qu'on offrait des libations de miel aux dieux souterrains) et du fiel le symbole de la vie, soit que l'on voulut signifier que la vie de l'âme périt par la volupté et renaît par l'amertume (de là vient qu'on offrait du fiel aux dieux), soit que l'on voulut faire entendre que la mort délivre, de la douleur et que cette vie est pénible et amère.

19. Cependant on n'appelait pas indistinctement abeilles toutes les âmes qui vont vers la génération, mais celles-là seules qui devaient vivre selon la justice et retourner ensuite à leur lieu d'origine ayant accompli des œuvres agréables aux dieux. Car cet animal (l'abeille) aime à revenir à son point de départ et surtout il est juste et sobre : aussi appelle-t-on *sobres* les libations de miel. De plus, les abeilles ne se posent pas sur les fèves ; celles-ci étaient regardées comme symbole de la génération rectiligne et rigide parce que presque seules de tout ce qui se sème, elles sont entièrement trouées et non interceptées par des membranes disposées entre les nœuds. Donc les rayons de miel et les abeilles étaient les symbo-

les propres et communs aux Nymphes Hydriades et aux âmes qui, pareilles aux nouvelles mariées, ont pour but la génération.

20. Ainsi dans les temps très anciens avant l'invention des temples on consacrait aux dieux les antres et les cavernes. Jupiter en avait en Crète que les Curètes lui consacrèrent, la Lune et Pan Lycien en Arcadie, Bacchus à Naxos, et partout où l'on reconnaissait Mithra on se le conciliait eu lui dédiant une caverne. Homère ne s'est pas contenté de dire que la grotte d'Ithaque avait deux portes, mais il a précisé que l'une était tournée du côté du nord et l'autre plus divine du côté du midi et que l'on pensait descendre par la porte du nord ; mais il n'a pas indiqué si l'on pouvait descendre par la porte du midi, il dit seulement que :

par celle-là
Les hommes n'entrent pas, mais c'est la route des immortels.

21. Il nous faut donc maintenant rechercher ou le dessein de ceux qui consacrèrent l'antre si le poète décrit un lieu réel ou la signification mystérieuse du récit d'Homère si ce récit est imaginaire. L'antre était considéré comme l'image et le symbole du monde. Numénius et son ami Cronius disent qu'il y a dans le ciel deux points extrêmes, l'un dans la partie du ciel la plus méridionale est au tropique d'hiver ; l'autre dans la partie la plus septentrionale est au tropique d'été. Le point estival est sur le signe du Cancer, le point hivernal sur le signe du Capricorne. Et comme le signe du Cancer est pour nous le signe le plus rapproché de la terre, on l'attribue avec raison à la lune, qui est la plus voisine de la terre, tandis que le pôle méridional étant invisible, on attribue le Capricorne à Saturne la plus éloignée et la plus haute des planètes.

22. Les signes du Zodiaque du Cancer au Capricorne sont disposés dans cet ordre : d'abord le Lion, séjour du Soleil ; puis la Vierge, séjour de Mercure ; la Balance, séjour de Vénus ; le Scorpion, séjour de Mars ; le Sagittaire, séjour de Jupiter ; le Capricorne, séjour de Saturne, et dans l'ordre inverse à partir du Capricorne, le Verseau, séjour de Saturne ; les Poissons, séjour de Jupiter ; le Bélier, séjour de Mars ; le Taureau, séjour de Vénus ; les Gémeaux, séjour de Mercure ; et enfin le Cancer séjour de la lune. Aussi les théologiens établissent-ils que le Cancer et le Capricorne étaient les deux portes du Ciel. Platon les appelait les deux

ouvertures. On dit que le Cancer est la porte par laquelle descendent les âmes et le Capricorne celle par laquelle elles remontent. Le Cancer est au nord et favorable à la descente, le Capricorne au midi et favorable à l'ascension, car les régions septentrionales conviennent aux âmes qui descendent dans la génération.

23. C'est à juste titre que dans le récit d'Homère l'ouverture de l'antre située au nord est assignée à la descente des hommes et que les régions du midi sont attribuées non aux dieux, mais à ceux qui montent vers les dieux. Pour cette raison le poète ne dit pas : le chemin des dieux, mais des Immortels, expression qui convient aussi aux âmes qui par elles-mêmes ou par essence sont immortelles. On dit que Parménide dans sa physique faisait mention de ces deux portes et que la mémoire en subsiste chez les Romains et chez les Égyptiens. Car les Romains, à l'époque où le soleil s'approche du Capricorne, célèbrent des Saturnales : c'est la fête des esclaves qui revêtent les habits des hommes libres, tout devenant commun aux uns et aux autres. Le législateur a voulu faire entendre par là que près de cette porte du ciel ceux qui maintenant sont esclaves par leur naissance sont libérés par la fête de Saturne et la demeure attribuée à Saturne, qu'ils ressuscitent et reviennent à la source de la génération. Puis la route qui part du Capricorne les ramène à leur première condition. Les Romains nommant la porte : *Janua* ont appelé *Januarius*, c'est-à-dire : mois de la porte, le mois où le soleil revient du Capricorne du côté de l'est, se dirigeant vers les régions du nord.

24. Chez les Égyptiens le signe sous lequel commence l'année n'est pas le Verseau, mais le Cancer. Car près du Cancer, est l'étoile Sothis que les Grecs appellent l'étoile du Chien. Pour les Égyptiens le premier jour du mois est marqué par le lever de Sothis qui est le principe de la génération dans le monde. C'est pourquoi Homère n'a pas établi de porte au levant et au couchant ni aux équinoxes, c'est-à-dire au Bélier et à la Balance, mais bien au midi et au nord et vers le midi, aux ouvertures les plus méridionales, et aux plus septentrionales vers le nord ; car cet antre était consacré aux âmes et aux Nymphes Hydriades et ces lieux conviennent à la naissance et à la mort des âmes. Quant à Mithra, on lui a assigné sa place près des équinoxes ; aussi tient-il le glaive du Bélier, signe de Mars et est-il porté sur le Taureau, signe de Vénus ; en effet comme le Taureau, Mithra est l'auteur du monde et le maître de la génération. Il est situé sur le cercle de l'équinoxe, il a à droite les régions septentrionales, à gauche les régions méridionales, l'hémisphère austral s'étendant jusqu'à lui du côté du Notas, parce

que ce vent est chaud et l'hémisphère boréal du côté de Borée, parce que le Borée est froid.

25. C'est avec raison que l'on attribuait les vents aux âmes qui vont vers la génération et qui en reviennent, car les âmes, à ce que certains croient, attirent le souffle et de la sorte possèdent une essence spirituelle. Mais le Borée est le vent des âmes qui vont vers la génération, c'est pourquoi son souffle violent ranime les moribonds qui respirent avec peine, et le souffle du Notus les affaiblit. En effet, l'un resserre, étant très froid, et maintient dans le froid de la génération terrestre et l'autre étant très chaud, dissout et ramène à la chaleur divine. Comme la terre que nous habitons est très septentrionale, nécessairement les âmes qui y naissent ont du rapport avec le Borée et celles qui la quittent avec le Notus. C'est aussi pour cette raison que le Borée est violent quand il commence de souffler et le Notus quand il va se calmer. Car le premier atteint directement les habitants du nord ; mais le second est très lointain ; soufflant de loin il est ainsi plus lent ; mais quand il a accumulé ses tourbillons, il augmente enfin.

26. Parce que c'est par la porte du nord que les âmes s'en vont vers la génération, on a cru que le Borée était amoureux. En effet, on a dit :

Métamorphosé en cheval à la crinière noire il coucha avec elles
Et fécondées elles enfantèrent douze poulains.

Et on rapporte qu'il enlève Orytie et engendre Zétis et Calaïs. Mais parce que le midi est attribué aux dieux, on tire au milieu du jour les voiles dans les temples : on observe ainsi le précepte homérique selon lequel il n'est pas permis aux hommes d'entrer dans les temples quand le soleil incline au midi.

Mais c'est la route des immortels.

27. On a donc pris le Notus pour symbole du milieu du jour, car le dieu se trouve au milieu du jour à la porte du midi. C'est pourquoi, même sur d'autres portes et à quelque heure que ce fût, il n'était pas permis de parler ; car un seuil est une chose sacrée. Et pour cette raison les pythagoriciens et les sages d'Égypte défendaient de parler en passant les portes des villes ou des maisons, honorant

par le silence le dieu en qui est le principe de toutes choses. Homère a connu que les portes sont sacrées ; c'est ce que montre chez lui Œnée frappant la porte à la façon d'un suppliant.

Frappant les portes bien jointes, suppliant son fils.

Il a connu aussi les portes du ciel dont les Heures ont la garde et qui, commençant dans les régions nébuleuses, sont ouvertes et fermées par les nuées.

Soit qu'ils écartent où qu'ils étendent un nuage épais.

Il dit qu'elles meuglent parce que le tonnerre est produit par les nuées.

D'elles-mêmes mugirent les portes du ciel gardées par les Heures.

28. Il parle aussi quelque part des portes du soleil, entendant par là le Cancer et le Capricorne ; car le soleil s'avance jusqu'à eux lorsqu'il descend du nord au midi et que de là il remonte vers le nord. Le Cancer et le Capricorne sont situés près de la Voie lactée dont ils occupent les extrémités. Le Cancer au nord et le Capricorne au midi. Selon Pythagore, le peuple des Songes n'est autre chose que les âmes qui se rassemblent, dit-il, dans la Voie lactée nommée ainsi parce que les âmes se nourrissent de lait, lorsqu'elles sont tombées dans la génération. C'est pourquoi, ceux qui veulent évoquer les âmes leur offrent en libations un mélange de lait et de miel ; car, attirées par la volupté, elles désirent aller vers la génération et, en même temps qu'elles sont enfantées, le lait se produit.

En outre, les régions méridionales produisent des corps de petite espèce ; car la chaleur dessèche habituellement les corps et ainsi les rapetisse et les amaigrit ; au contraire dans les régions septentrionales tous les corps sont grands. Les Celtes, les Thraces et les Scythes en sont la preuve. Leur terre aussi est très humide et abonde en pâturages. Le nom même de Borée vient de la nourriture, car *bora* signifie nourriture, et le vent qui souffle de cette terre nourricière, étant nutritif, a été appelé Borée.

29. Pour ces motifs donc les régions boréales conviennent à la race mortelle et soumise à la génération, et celles du midi à la race plus divine, comme l'orient aux dieux et l'occident aux *daïmones*. Car la nature commençant par l'hétérogé-

néité, partout ce qui est double lui a été donné pour symbole. Ainsi, le voyage s'accomplit par le monde intelligible ou par le monde sensible, dans le monde sensible par le globe fixe ou par les globes des planètes et encore par la route immortelle ou la route mortelle. L'un des points cardinaux est au-dessus de la terre, l'autre au-dessous ; l'un à l'orient, l'autre à l'occident ; il y a la droite et il y a la gauche ; il y a aussi la nuit et le jour. Ainsi, l'harmonie est faite d'oppositions et se réalise au moyen des contraires. Platon mentionne aussi deux ouvertures : par l'une on monte au ciel, par l'autre on descend sur la terre et les théologiens ont fait du soleil et de la lune les portes des âmes ; par la porte du soleil elles montent, par celle de la lune, elles descendent. Ce sont aussi les deux tonneaux.

L'un renferme les maux que donne Jupiter ; l'autre les biens.

30. C'est un tonneau aussi qui dans le *Gorgias* de Platon figure l'âme et il y a une âme bienfaisante ou raisonnable, l'autre malfaisante ou déraisonnable. Les âmes sont comparées à des tonneaux parce qu'elles contiennent certaines puissances et certaines habitudes. Chez Hésiode encore on voit un tonneau clos et un autre qu'ouvre la volupté et tout son contenu se répand à l'exception de l'espérance. Lorsque l'âme, en effet, corrompue et dispersée dans la matière, s'écarte de son ordre, elle ne se repaît que de bonnes espérances.

31. Puisque ce qui est double symbolise partout la nature, c'est à juste titre que l'antre a non pas une, mais deux entrées, et qu'elles ne servent pas à la même fin, l'une étant réservée aux dieux et aux hommes de bien, l'autre aux mortels et aux méchants. C'est poussé par ces considérations que Platon lui aussi imagine des cratères et qu'au lieu d'amphores il met des tonneaux et deux ouvertures, comme nous l'avons dit, au lieu de deux portes. De son côté le Syrien Phérécyde parle de retraites, de trous, d'antres, de portes et d'entrées et par là signifie la génération des âmes et leur départ de la vie. Mais pour ne pas allonger davantage ce traité en y introduisant les opinions des anciens philosophes et des théologiens, nous pensons avoir suffisamment expliqué ce que nous avons dit la signification du récit d'Homère.

32. Reste à montrer ce que veut dire le symbole de l'olivier qui croît près de

l'antre. Il a certainement un sens notable, car le poète ne dit pas tout uniment qu'il pousse là, mais à la tête du port.

A la tête du port pousse un olivier aux longues feuilles...
Tout à côté il y a un antre...

Ce n'est point par quelque hasard, comme on le pourrait penser, que cet olivier croît ici ; mais il renferme la signification mystérieuse de l'antre. Le monde en effet n'est point né au hasard et n'importe comment, mais il est l'œuvre de la sagesse divine et de la nature intelligente. C'est pour cela que près de l'antre, image du monde, est planté l'olivier, symbole de la sagesse divine. Car l'olivier est l'arbre de Minerve et Minerve est la sagesse. Comme elle est née de la tête de Jupiter, le poète théologien a pensé que la tête du port était le lieu où il convenait de dédier l'olivier. Par là il fait entendre que cet univers n'est point le produit d'un mouvement aveugle né d'un hasard irrationnel, mais qu'il est l'œuvre achevée de la nature intelligente et d'une sagesse distincte de lui ; mais toute proche, située qu'elle est à la tête du port universel.

33. La propriété que possède l'olivier de rester toujours vert convient parfaitement aux changements en ce monde des âmes à qui sont consacrés les antres. Car en été la partie blanche des feuilles est en haut et en hiver elle se tourne en sens inverse, plus blanche encore. C'est pourquoi dans les prières et les supplications on tend des rameaux d'olivier : les suppliants augurent ainsi que l'obscurité des dangers se changera en une blanche lumière. En outre, l'olivier toujours vert porte un fruit secourable aux travaux. Il est consacré à Minerve et il fournit des couronnes pour les athlètes victorieux et des branches pour les suppliants. Le monde aussi est gouverné et conduit par la sagesse éternelle d'une nature intelligente et toujours jeune qui donne aux athlètes de la vie le prix de leur victoire et le remède contre leurs nombreuses peines. Ainsi, celui qui a créé le monde et qui le conserve est aussi celui qui réconforte les malheureux et les suppliants.

34. Dans cet antre, dit Homère, il faut se défaire de tous les biens du dehors, se dépouiller, prendre l'extérieur d'un mendiant, frapper son corps, rejeter tout le superflu, écarter même les sens et alors délibérer avec Minerve, assis avec elle au pied de l'olivier, pour savoir comment retrancher toutes les passions qui tendent des pièges à l'âme. Ce n'est pas sans raison à mon avis que Numénius

prétend que dans *l'Odyssée*, Homère représente par Ulysse l'homme qui passe par tous les degrés successifs de la génération et parvient ainsi chez des étrangers ignorants de la mer et de toute tempête.

Jusqu'à ce que tu sois arrivé chez des hommes qui ne connaissent pas la mer
Et mangent une nourriture non mêlée de sel.

Chez Platon aussi, les flots, la mer et la tempête figurent la composition de la matière.

35. Voilà pourquoi, je pense, Homère a donné au port le nom de Phorcys.

Là est un port, de Phorcys vieillard de la mer.

Au commencement de l'*Odyssée*, le poète a donné la généalogie de la fille de Phorcys, Thoosa, de qui est né le Cyclope qu'Ulysse priva d'un œil pour qu'il gardât jusque dans sa patrie quelque mémoire de ses fautes. En outre, il est convenable qu'Ulysse s'asseye sous l'olivier, comme suppliant du dieu et pour apaiser par l'offrande d'une branche le *daïmone* qui préside à sa naissance ; car il ne lui était pas permis de se retirer simplement de la vie sensible après l'avoir aveuglée et ayant cherché à la détruire en un instant. Pour avoir osé de telles choses la colère des dieux de la mer et de la matière le poursuivait, Il lui fallait d'abord les apaiser par des sacrifices, des misères de mendiant et des œuvres de patience, et tantôt combattre ces passions, tantôt par des ruses de magicien se métamorphoser entièrement pour tout recouvrer, après avoir été dépouillé de ses haillons. Mais même alors il n'est pas affranchi de ses misères, il ne le sera que le jour où, ayant échappé tout à fait à la mer, il sera devenu ignorant des choses marines et des travaux matériels au point de prendre une pelle à vanner pour une rame, tant sera complète son ignorance des instruments et des œuvres de la mer.

36. On ne doit pas croire que de telles interprétations sont forcées et ne voir en elles qu'hypothèses d'esprits subtils ; mais il faut considérer la sagesse antique, quelle était la raison d'Homère et comme il a excellé en toute vertu ; ainsi, on ne niera pas qu'il a mystérieusement figuré dans une fable des choses divines ; car il ne pouvait pas imaginer avec succès une fiction complète sans emprunter à la

vérité quelques traits. Mais remettons à plus tard de traiter le sujet tout entier et arrêtons ici l'interprétation de l'Antre des Nymphes.

LETTRE À GAUROS SUR LA MANIÈRE DONT L'EMBRYON REÇOIT L'ÂME

PROLOGUE, I, 1-II, 5.

[I, 1] La doctrine relative à l'entrée des âmes dans les corps en vue de la production d'un être vivant nous a remplis d'une extrême incertitude, et non pas nous seulement, cher Gauros, mais ceux qui se sont employés principalement à la recherche de ce problème.

D'une manière générale, les hommes de science et presque tous les médecins se sont demandé s'il faut tenir les embryons pour des vivants ou s'ils ont seulement la vie végétative, le caractère propre du vivant consistant dans la sensibilité et l'impulsion, celui des végétaux se faisant voir dans les fonctions de nutrition et de croissance sans accompagnement de sensibilité et d'impulsion. Dès lors, puisque les embryons, dans leur comportement, n'usent point d'imagination et d'impulsion, et qu'ils ne sont gouvernés que par les seules fonctions de croissance et de nutrition, comme en témoignent, pour l'un et l'autre, les phénomènes, il faut admettre que les embryons sont des végétaux ou pareils à des végétaux; en revanche, les regarder comme des vivants parce qu'ils doivent, une fois sortis du ventre, être doués de vie, c'est là, je le crains, une vue précipitée et le fait de gens soucieux de se conformer, sans examen suffisant, aux opinions du vulgaire.

[2] D'une manière plus particulière, ceux qui supposent que les embryons participent aussi à l'âme animale ont été à leur tour dans le doute, s'il faut estimer les embryons des vivants en acte, ou des vivants seulement en puissance, non pas en acte — *en puissance* se dit soit de ce qui, sans avoir encore reçu la puissance, est capable de la recevoir (ainsi l'enfant eu égard à la grammaire), soit de ce qui a reçu la puissance, quand il n'agit pas selon elle (ainsi l'enfant quand, après avoir appris la grammaire, il n'écrit ni ne lit parce qu'il est occupé à d'autres choses ou qu'il dort), — ceux qui disent les embryons vivants en puissance ne leur attribuant pas l'*en puissance* en ce sens que l'embryon a convenance à être animé, mais l'interprétant au sens de ce qui a reçu l'âme et reste inactif, puisque aussi bien c'est chose admise, même de ceux qui regardent l'embryon comme non-participant encore à l'âme animale, que l'embryon est en puissance à l'animation en vertu d'une convenance.

[3] Or donc, tout comme, dans un profond sommeil, les activités de la vie sensitive et impulsive sont retenues bien que l'âme soit présente (on le voit bien quand cet état prend fin), ou comme, chez les animaux hibernants, au temps de l'hibernation, l'activité végétative continue de s'exercer au ralenti tandis que l'activité sensitive et impulsive est complètement immobilisée, est-ce que de même, chez les embryons, bien que l'âme soit présente[1]..., ce qu'ils éprouvent ressemble à une torpeur ou une hibernation? Ou bien l'âme, tout en étant active elle-même, n'agit-elle que faiblement, et en va-t-il comme du mouvement des jambes dans la marche, mouvement que les tout-petits ne peuvent accomplir encore, bien que, par l'imagination, ils remuent les jambes, les plient et les déplacent localement, même s'il n'y a pas encore d'aptitude à marcher?

[4] Dans le premier cas, les embryons sont des vivants en puissance, au sens toutefois où est dit en puissance ce qui tient ses habitus en inactivité; dans le second, ils sont des vivants aussi en acte.

En revanche, si, dans la thèse de ceux qui regardent les embryons comme gouvernés seulement par le principe de la vie végétative sans qu'ils aient de part à l'âme impulsive et sensitive, les embryons sont dits des vivants en puissance, cela sera dit alors en ce sens que l'embryon a convenance à recevoir l'âme vivifiante, non pas en ce sens que, l'ayant déjà reçue, il reste inactif.

[II, 1] Eh bien donc, supposé qu'on ait démontré que l'embryon n'est ni un vivant en acte (les vivants différant des non-vivants par la sensibilité et l'impulsion) ni un vivant en puissance (au sens de ce qui a déjà reçu l'âme tout en tenant dans l'inaction les activités du composé de corps et d'âme), il devient facile à Platon d'établir la nécessité de l'entrée de l'âme et le moment précis de cette entrée. Car, de toute évidence, puisque l'embryon n'est donc un vivant ni en acte ni en puissance, au sens de ce qui a déjà reçu l'*habitus* mais reste inactif, et puisqu'on ne le dit vivant en puissance que par la convenance qu'il a à recevoir l'âme proprement dite du vivant, dès l'instant où il devient doué de sensibilité et d'impulsion, il faut nécessairement admettre et l'entrée de l'âme et le moment précis de l'entrée: ce qui doit se produire après l'enfantement hors du ventre quand il est conforme à la nature.

---

[1] Peut-être «dans la mesure où elle y est présente quand ils sortent».

[2] Au contraire, si l'embryon est un vivant en puissance au sens de ce qui a reçu l'habitus, ou, davantage, s'il est un vivant en acte, il est difficile de déterminer le moment de l'entrée, et ce n'est pas du moins sans une extrême défiance qu'on acceptera ce moment ni sans le tenir pour fictif, de quelque sorte que, le cas échéant, on ait marqué avec précision qu'il était. Car ou bien on le définit celui où le sperme a été injecté dans la matrice, comme si le sperme ne pouvait être retenu dans la matrice et y devenir productif à moins qu'une âme venue du dehors n'eût réalisé, par son introduction, la jonction naturelle[2] : Numénius s'étend longuement sur ce point ainsi que les exégètes des sens allégoriques de Pythagore, qui entendent comme s'appliquant au sperme et le fleuve Amélès chez Platon, et le Styx chez Hésiode et les Orphiques, et l'« efflux » chez Phérécyde. Ou bien on place l'entrée de l'âme au moment de la première formation de l'embryon, le garçon étant différencié au bout de trente jours, la fille au bout de quarante-deux jours, comme le rapporte Hippocrate[3]. Ou bien on assigne à l'entrée le moment où l'embryon a commencé de se mouvoir ; sur l'époque exacte, Hippocrate déclare[4] : « Quand les extrémités du corps du tout-petit se sont ramifiées extérieurement et que les ongles et les cheveux se sont enracinés, alors l'enfant commence à se mouvoir : le temps jusqu'à ce point est, pour le garçon, trois mois, pour la fille, quatre. »

[3] Mieux encore, j'ai même entendu quelqu'un soutenir devant moi que l'ardeur du sexe mâle dans l'accouplement et l'ardeur correspondante de la matrice arrachent une âme à l'air ambiant par le moyen de l'inspiration qui se produit alors, quand ces deux ardeurs ont à ce point ému et altéré la force naturelle pourvoyeuse du sperme qu'elle en acquiert la propriété d'attirer une âme, et que cette âme, après avoir jailli conjointement avec le sperme à travers le sexe mâle comme à travers un tuyau, est recueillie à son tour par l'ardeur de la matrice quand celle-ci se trouve convenablement disposée pour retenir le sperme : c'est pour cette raison que les deux se mélangent, parce que, grâce à ces deux, l'âme est liée et emprisonnée, et ce qui arrive là s'appelle conception du fait que le phénomène ressemble à la capture d'un oiseau[5]. Mais ce sont là pures fables.

---

[2] De l'élément masculin et de l'élément féminin, cf. Hipp., *Nat. Puer.* 5 (VII 476 L.)
[3] *Nat. Puer.,* 18 (VII, 498 ss. L.)
[4] *Nat. Puer.,* 21 (VII, 510 L.)
[5] Le même mot désigne à la fois l'action de « se saisir de » (LSJ. *s. v.* II) et l'action de « concevoir » (*ib.*, III). L'oiseau ici capturé est l'âme. Cf. l'image de la cueillette d'un fruit, Plat., *Tim.*, 91 d 1.

J'en ai ri alors, il m'en souvient; et si j'ai cru bon de les mentionner, ce n'est pas que cette fiction ait le moindre prix, mais parce que je montre ainsi que le mode (de l'entrée de l'âme) est susceptible d'une infinité d'impasses, dès là que, pour s'être refusé à placer l'entrée de l'âme après l'enfantement hors du sein maternel, on applique le phénomène à ce qui est encore dans le sein et à toute l'incertitude de ce qui se passe là.

[4] Pour ceux-là donc qui interprètent en ce sens la doctrine de Platon, il est malaisé de préciser le moment de l'entrée de l'âme, et la difficulté ne leur sera pas moindre s'ils entreprennent de montrer que l'animation se fait de l'extérieur, — et non pas que, arraché au père, un fragment de l'âme paternelle, comme de sa nature, est injecté, en même temps que le sperme, — s'il est vrai après tout que l'animation a lieu lors de l'injection du sperme. Comment d'autre part ne serait-ce pas un fragment de l'âme de la mère, si l'entrée a lieu quand l'embryon a été formé ou quand il a commencé de se mouvoir? Car, de même que les ressemblances physiques révèlent que l'enfant a pris à ses parents quelque chose de leur corps, de même faut-il que les ressemblances spirituelles aussi indiquent la source originelle d'où l'âme a été tirée.

[5] Pour nous donc, nous démontrerons avant tout que le fruit n'est ni un vivant en acte, ni un vivant en puissance au sens de ce qui a déjà reçu l'âme, d'où il résulte que l'entrée de l'âme a lieu après l'enfantement; et quand même nous aurions concédé que l'embryon, en lui-même, soit un vivant en puissance, voire un vivant en acte, nous montrerons qu'il n'est pas possible que l'animation ait eu lieu ni à partir du père ni à partir de la mère, mais qu'elle se fait seulement de l'extérieur, en sorte que, même dans ce cas, la doctrine platonicienne de l'entrée de l'âme n'est pas rejetée comme fausse.

Iʳᵉ PARTIE : L'EMBRYON N'EST PAS UN VIVANT EN ACTE
III, 1-XII, 7.

PREUVE PAR LA DOCTRINE DE PLATON, III, 1-IX, 5.

[III, 1] Tout d'abord donc, prenant à témoin l'évidence elle-même, nous pensons qu'il convient de se mettre sous les yeux les différences spécifiques des plantes et des animaux, puis d'examiner desquelles de ces différences se rapprochent davantage les données expérimentales touchant l'embryon. Si en effet ces données apparaissent comme semblables à la nature des choses dans le cas des animaux, il faut définir le fruit un animal ; si elles ressemblent à la nature des choses dans le cas des plantes, on ne doit pas s'étonner si le fruit ne reçoit la vie que lorsqu'il est sorti du ventre, pas plus que nous ne nous étonnons de ce que, avant de s'être séparé du père, le sperme demeurant en lui-même ne produise pas les effets qu'il est naturellement destiné à produire une fois tombé dans la matrice après la sécrétion.

[2] Or donc, le propre de la vie végétative et des plantes est de se nourrir, non par voie buccale, mais par la puissance inhérente aux racines, qui, attirant les humeurs nourricières environnantes dans le sol, les assimile pour faire croître et nourrir comme il convient l'être que cette puissance administre. En revanche, le propre des animaux mortels⁶ et pourvus de chair est de prendre leur nourriture par voie buccale et de la digérer à l'intérieur d'eux-mêmes, grâce aux organes dont ils ont été munis, pour cet usage même, par leur nature particulière.

[3] En outre, tous les animaux naturellement destinés à respirer par des narines rejettent et aspirent l'air par cet organe ; car, s'ils en sont empêchés, ils meurent aussitôt par étouffement et ne peuvent, même un instant, résister à ce qui fait obstacle à la continuité de la respiration. Au contraire, les végétaux respirent seulement par ce qu'on appelle la moelle ; quant aux fruits, c'est par ce qu'on

---

⁶ Cf. Plat. *Soph.* 265 c 1.

nomme les pédoncules, par où ils se trouvent suspendus, qu'ils se procurent la nourriture et l'air extérieur, pédoncules d'où précisément ils se détachent aussi en tombant, quand ils ont atteint la maturité et la perfection au plus haut point de leur fabrication. De plus, plongés dans un milieu liquide qui les entoure de partout, les animaux terrestres périssent ; au contraire, les graines poussent quand elles sont entièrement baignées d'eau, qu'on en verse sur elles ou qu'elles l'attirent du sol.

[4] Si donc les embryons se nourrissaient eux aussi par voie buccale, et non par la puissance immanente au sperme, qui, à la manière dont les plantes tirent l'humidité du sol, attire le sang qui circule autour du sperme et le baigne à l'intérieur dans la matrice, et, tandis qu'elle en assimile une partie pour la croissance et la nourriture de l'embryon, en met à part le surplus qui sera lui aussi utile au fruit une fois mené à terme pour le rendre glissant ; ou bien si les embryons respiraient par le nez comme après la sortie du ventre, et non par le cordon ombilical, ce cordon par lequel leur centre est attaché et fixé au chorion comme par une racine ou un pédoncule, duquel en retour, semblablement aux fruits, ils s'empressent, une fois mûrs, de se détacher pour tomber à terre ; ou enfin s'il était possible que les embryons résistassent même un peu de temps sans qu'un milieu liquide les baignât de partout, milieu dont au contraire les animaux terrestres après l'enfantement ne peuvent soutenir même un instant la pression environnante, — si donc, comme je le disais, l'administration des embryons dans le ventre ressemblait à celle des animaux et non, manifestement, à celle des plantes, il serait permis, appuyé sur le témoignage des faits, de se ranger à l'opinion de ceux qui tiennent les embryons pour des vivants.

[5] Mais puisque les embryons refusent, comme leur étant étrangère, la façon dont sont administrés les animaux, et que la façon dont ils le sont, comme leur étant la plus appropriée, est presque contraire à celle qui suit la sortie du ventre quand ils ont installé en eux l'âme du vivant, pourquoi, sans tenir compte de l'évidence des faits, nous abuser nous-mêmes de plein gré par ce raisonnement que, puisqu'en vérité nous avons affaire à des vivants dès l'émergence du fruit, à l'intérieur du ventre aussi les embryons sont des vivants ? Car, ou bien il faut rejeter ces témoignages d'après lesquels on découvre que l'embryon est administré comme une plante et non comme un animal, ou bien, puisqu'on ne peut lutter contre l'évidence, il y aura lieu sans doute de se demander pourquoi l'embryon

change de végétal en animal, s'il est vrai que d'aucuns pourraient trouver la chose paradoxale et non l'œuvre d'une nature divine, mais il n'en faudra pas moins admettre que l'embryon dans le ventre n'est pas un animal, puisque également il est immobile avant de recevoir une âme en tant qu'animal.

[IV, 1] Mais Platon enseigne[7], disent-ils, que la puissance végétative dans le sperme fait partie de la troisième portion de l'âme, le concupiscible, que le concupiscible est poussé par le plaisir et la douleur et qu'il a l'appétit des mets et de la nourriture, que d'autre part plaisirs et douleurs sont des sensations, ou du moins des mouvements qui nous ont été donnés en vue de la sensation, et que les appétits sont des impulsions : dès lors, si l'embryon participe à la sensation et à l'impulsion, par quoi le vivant diffère du non vivant, comment ne serait-il pas un vivant ?

[2] Ceux qui tiennent ce langage ne se rendent pas compte qu'ils font des plantes aussi des vivants, en tant qu'administrées elles aussi par une puissance végétative qui, comme ils le disaient, fait partie de la portion concupiscible de l'âme. Mais ce serait bien assez pour nous qu'ils nous accordassent que la vie des embryons ressemble à celle des plantes et non à celle des vivants proprement dits, même si leur zèle les pousse, dans une nouvelle charge, à supprimer la différence entre la plante et l'animal en luttant contre l'évidence et entrant dans la présente discussion avec un argument plus absurde encore que les précédents, eux qui ne comprennent même pas en quel sens Platon dit que la puissance végétative est partie du concupiscible et qui ne se sont même pas préoccupés de savoir pourquoi Platon ne dédaigne pas de dire que les plantes sont des vivants.

[3] Car Platon ne fait pas comme les autres qui distinguent le vivant du non-vivant par la sensibilité et l'impulsion ; ce n'est point par ces caractères que les vivants, à ses yeux, diffèrent des non-vivants. Mais, comme il sépare la vie de la non-vie, il est en droit d'embrasser aussi les plantes dans la catégorie des vivants puisqu'elles sont déjà en vie ; toutefois c'est jusqu'au nom seulement qu'il leur attribue cet élément commun avec les vivants proprement dits et participants à l'âme automotrice.

---

[7] *Tim.* 70 d ss., 91 a ss.

[4] Je veux citer ses paroles mêmes pour montrer à l'évidence et son opinion propre et l'erreur de ces gens-là. Voici ce qu'il dit[8] : « Quand toute la structure du vivant mortel eut été bien jointe en une même formation naturelle, parties et membres, comme il était nécessairement sujet à vivre au contact du feu et de l'air et que par suite, sous l'action de ces éléments, se dissolvant et se vidant il allait à sa perte, les dieux machinent pour lui un moyen de secours. Ils créent une nature apparentée à la nature humaine, mais en la formant du mélange d'autres sortes de figures et d'organes des sens, en sorte qu'elle soit une autre espèce de vivants : ce sont là les arbres, plantes et graines aujourd'hui domestiques, qui, corrigées par la culture, se sont laissé apprivoiser par nous, mais qui auparavant n'étaient que les espèces sauvages, qui sont plus anciennes que les domestiques. Tout ce qui en effet a eu participation à la vie, c'est à bon droit qu'on le nommerait très correctement un vivant. Néanmoins, ce dont nous parlons à cette heure ne participe qu'à la troisième sorte d'âme dont le siège, à ce qu'on dit, est entre le diaphragme et le nombril, à qui nulle part n'est échue de l'opinion, du raisonnement et de l'intellection, mais bien des sensations agréables et pénibles accompagnées de désirs. Car cette âme n'est toujours que passive : par nature sa formation ne lui a pas permis de percevoir et raisonner ses propres sentiments en se tournant en elle-même sur elle-même, rejetant la motion venue de l'extérieur et usant de sa motion propre. Ainsi, le végétal est bien en vie et n'est pas autre chose qu'un vivant, mais il reste enraciné et fixé au sol d'une manière stable parce qu'il a été privé de l'automotricité. »

[5] Voilà donc ce que dit Platon. D'un mot, ceux-là risquent de ne rien comprendre au Philosophe qui pensent que, selon Platon, l'embryon est un vivant au sens où nous nous demandons présentement s'il est tel. Si en effet c'est en raison de la vie qu'on veut le nommer un vivant, nous sommes d'accord ; mais nous affirmons avec force que Platon lui non plus ne concède d'aucune façon qu'il ait l'âme automotrice dont il est pourvu après l'enfantement, nous tenons qu'il est un vivant dans le même sens que les plantes.

[6] Quels sont donc la sensation et l'appétit des plantes ? Au dire de Platon, ils n'ont de commun que le nom avec ceux des vivants proprement dits et ne leur sont pas identiques. De fait, après avoir montré ce point de l'homonymie,

---

[8] *Tim.* 76 e 8 ss.

il ajoute : « Formant une nature apparentée à la nature humaine, par le mélange d'autres sortes de figures et d'organes des sens en sorte qu'elle soit une autre espèce de vivants, ils créent » les arbres domestiques et les graines. C'est donc d'autres sortes de sensations et d'appétits qu'usent les végétaux, et ils sont vivants en un autre sens que les hommes. Par conséquent, même si les embryons ont sensation d'après Platon, même s'ils ont appétit, même s'ils sont dits vivants, ils ont ces facultés et sont dits vivants équivoquement avec nous, mais univoquement avec les plantes, comme, nous le montrerons[9], Platon le dit lui-même en toute clarté.

[7] Ainsi donc, de même que les végétaux, dit Platon, participent « à la troisième sorte d'âme dont le siège, à ce qu'on dit, est entre le diaphragme et le nombril, à qui nulle part n'est échue de l'opinion, du raisonnement et de l'intellection, mais bien des sensations agréables et pénibles accompagnées de désirs », et que cependant, tout en participant à ces facultés, ils ne sont plus des vivants au sens où l'on dit vivants les êtres qui participent à l'âme automotrice, mais ont part seulement à la nature affective, cette nature que nos contradicteurs n'hésitaient pas à nommer âme comme ils n'hésitaient pas à appeler équivoquement vie et le mouvement imposé aux sujets par cette nature affective et le mouvement issu de l'âme automotrice, de même, bien qu'ils participent à cette même puissance, qu'ils soient, d'après Platon, nommés vivants et animés et qu'ils aient part à la sensation et au désir, les embryons ne sont pas des vivants en la manière où le sont les êtres qui possèdent l'âme automotrice, touchant laquelle nous avons commencé de rechercher à cette heure quand elle entre dans le corps.

[8] Gardons-nous d'entrer en erreur troublés par l'homonymie, mais de même que, quand Platon dit que les plantes sont corrigées par la culture et se laissent apprivoiser par nous alors qu'il n'y avait d'abord que les espèces sauvages, nous n'admettons pas pour autant, dans le cas des plantes, intellection, raisonnement et caractère moral, à propos desquels on parle proprement de correction, d'apprivoisement et d'état sauvage, mais le prenons comme dit par métaphore ou même équivoquement, de même faut-il entendre par sensations, appétits et désirs ceux qui sont dits par analogie et équivoquement, non ceux dont la production a pour cause l'âme automotrice, touchant l'introduction de laquelle nous avons entrepris ce discours, où nous concédons sans doute que l'embryon

---

[9] Au ch. IX.

a part à ce qu'on nomme improprement âme eu égard aux impressions et affections sensibles, âme à laquelle ont participé aussi les végétaux, mais affirmons que, selon Platon aussi, il n'a point part à l'âme automotrice avant la sortie du ventre, même s'il participe d'une manière exceptionnelle à la sensation et au sentiment de plaisir propres à la vie végétative.

[9] D'un mot, Platon ne semble pas appliquer, comme les autres, le mot de *sensation* à l'impression produite dans l'âme par le moyen des organes des sens du fait que l'âme s'est attachée au corps, mais appeler *sensation* le mouvement corporel auquel participent aussi les plantes, nommer *opinion* le mouvement psychique conjoint au mouvement corporel, et faire résulter la perception sensible des deux ensemble, tant du mouvement affectif irrationnel, dénommé par lui sensation et non pas mouvement des organes sensoriels, que de l'opinion, dont les autres font une impression de l'âme : voilà pourquoi, dans sa définition du sensible, il dit : « ce qui est appréhendé par l'opinion accompagnée de sensation irrationnelle [10]. »

[10] Comme il a donc rassemblé les impressions sensibles sans entendement, connaissance ou image < et celles > qui proviennent de l'âme nommée par lui opinative [11] (?) et qu'il les a attribuées aux plantes, il dit à bon droit que les plantes participent à la sensation. Et, pour marquer que les plantes ne participent pas à l'âme automotrice et tout ensemble opinative, raisonnable, et, comme diraient les autres, sensitive et impulsive, il résume son propos en disant : « Car elle n'est toujours que passive ; par nature sa formation ne lui a pas permis de percevoir et raisonner ses propres sentiments en se tournant en elle-même sur elle-même, rejetant la motion venue de l'extérieur et usant de sa motion propre. »

[11] Or on pourrait dire la même chose de l'embryon, et mieux encore ce qu'il ajoute sur le végétal, puisque c'est là pareillement une propriété aussi de l'embryon. Il dit : « Ainsi le végétal est bien en vie, et n'est pas autre chose qu'un vivant, mais il reste enraciné et fixé au sol d'une manière stable parce qu'il a été privé de l'automotricité ». Car l'embryon demeure lui aussi enraciné à l'intérieur

---

[10] *Tim.*, 28 a.
[11] Le texte est gâté (40. 20 ss.)

par le cordon ombilical : il a été appelé vivant en raison de ce qu'il vit, mais il ne participe pas encore à l'âme automotrice.

[V, 1] Cependant, disent-ils, les embryons ont des mouvements de déplacement local, ils ont la sensation de la chaleur brûlante puisqu'ils tressautent quand, dans les bains, l'air brûlant a frappé le ventre maternel.

[2] D'autres allèguent plus noblement[12] encore que les envies étranges dont sont prises les mères à l'époque de la grossesse, envies dont ni elles n'ont eu l'expérience auparavant ni elles ne sont affligées au même degré quand elles ont enfanté, sont le fait des embryons : ce qui le prouve, c'est que, si elles satisfont ces envies, elles mettent au monde des enfants sans défaut, si elles n'ont pu obtenir ce dont elles avaient envie, des enfants contrefaits et qui portent sur le corps la marque des objets désirés qui leur ont manqué.

[3] Mais ce qui surtout manifeste, disent-ils, que l'embryon a part à l'âme impulsive, ce sont les enfantements. Car les mort-nés sont d'enfantement difficile parce qu'ils ne collaborent pas à la poussée de la nature en vue de la sortie, les enfants femelles sont plus paresseux à venir parce qu'ils sont de mouvements plus lents ; en outre, la poussée de la mère ne suffit pas à expulser l'embryon s'il n'y a pas aussi une poussée convergente vers l'extérieur de la part du fruit.

[4] Pour moi, s'il faut se laisser aller une fois aux niaiseries, je pourrais bien leur donner du renfort et dire que l'embryon se forme des images et des opinions en commun avec la mère comme s'il participait à l'âme imaginative et opinative. Car il est universellement reconnu que nombre d'animaux, et certes aussi des femmes, enfantent des produits exactement semblables aux modèles de la même espèce dont, durant la saillie, elles ont accueilli les figures dans leur imagination : de là vient que nous exposons à la vue de cavales, de chiennes, de colombes, et, ma foi aussi, de quelque femme des tableaux représentant de belles figurer, afin que, jetant les yeux sur ces figures et les prenant en mémoire, les femelles saillies enfantent des fruits semblables.

---

[12] « Plus noblement » (ironique) ou peut-être « plus drastiquement ».

[5] Il est donc sous la main d'affirmer que la chose n'aurait pas eu lieu si les spermes ne participaient à une âme imaginative. Comment en effet, si c'est un autre qui se forme l'image, un autre, qui n'y a point part, aurait-il été mû selon la condition de celui qui se la forme ? C'est comme si, alors que toi tu as éprouvé quelque impression, moi, qui ne l'ai pas éprouvée, j'en avais été affecté parce que je suis enclos dans la même chambre et, si tu le veux, enchaîné à toi par les mêmes liens.

[VI, 1] Mais tout cela ressortit, en vérité, aux moyens d'influence du discours, qui ont facile de fournir en abondance fraudes et tromperies, et qui, par les plausibles dehors d'un argument vraisemblable, peuvent débouter même la vérité. Par exemple, pour commencer par le dernier point, si nous pouvions reproduire nos représentations en les faisant passer sur nos propres corps comme sur un essuie-main, tout comme l'on dit couramment aujourd'hui que les démons reproduisent les formes de leurs représentations sur l'enveloppe d'air vaporeuse qui leur est unie ou qui est à leur disposition [13], non qu'ils la colorent aucunement, mais parce que, par un procédé ineffable, ils font apparaître dans l'air qui les enveloppe, comme dans un miroir, les réflexions des images qu'ils ont formées, il serait permis de conjecturer que les représentations de l'âme immanente au sperme modèlent le corps à leur image. Mais puisque nous sommes incapables de produire cet effet sur nous, bien que nous puissions, d'après nos représentations, façonner des objets différents de nous, tous ceux qui se trouvent extérieurs à notre propre substance [14], je ne sais s'il n'y a pas lieu de craindre, pour cette raison, que ce ne soit pas une âme particulière à l'embryon qui produise la formation du corps en sa dépendance, non plus que l'âme de la mère ne forme le corps qui lui est propre, bien que cette âme forme le corps étranger présent dans la mère et extérieur à sa substance, s'il est vrai que, dans les autres cas aussi, elle peut reproduire ses représentations en les faisant passer sur les choses extérieures.

[2] Voici en outre une chose qu'il faut savoir et qui mérite plus encore d'être rapportée à la suite de Platon. Toujours, d'après Platon, les rejetons issus de la substance d'une chose sont inférieurs en rang de puissance et d'essence à ce qui

---

[13] Il s'agit du corps pneumatique ou aérien.
[14] Ou «façonner comme différents de nous tous les objets qui se trouvent extérieurs etc. »

les a engendrés : ils ne peuvent être de même essence que les principes générateurs, encore est-il qu'ils se laissent persuader de quelque manière par leurs
parents et qu'ils leur doivent leur perfectionnement. Ainsi, la raison discursive
étant un rejeton de l'intellect, est inférieure en essence à l'intellect qui l'a produite mais elle peut se tourner vers l'intellect et en comprendre les actes, même si
elle n'a point de part, comme l'intellect, à l'intuition immédiate et sans discours.
De même à son tour la partie irrationnelle contiguë à la raison, étant un rejeton
de la raison, est par essence non participante au raisonnement, mais elle est dite
« en conformité avec la raison », et bien qu'elle soit incapable, selon son essence
propre, de mouvements rationnels, elle est perfectionnée par la raison.

[3] Dès lors, comme la puissance végétative est un rejeton de la partie irrationnelle et, d'un mot, du concupiscible, elle est, d'après Platon, inférieure en essence à l'âme imaginative bien qu'elle ne participe pas elle-même à l'imagination
et à la faculté d'opinion. C'est dans ce sens en tout cas qu'on dit aussi des plantes
qu'elles sont corrigées par la culture et apprivoisées, non qu'elles appréhendent
par une image auditive la voix des cultivateurs, mais parce que, par leurs impressions sensibles, elles sont susceptibles d'être menées et dirigées en se laissant
conduire par un guide.

[4] Il n'y a donc rien d'étonnant à ce que, après qu'elle s'est unie à la puissance
du sperme, la puissance végétative de la femme, docile à la partie imaginative de
l'âme maternelle [15], soit impressionnée par la forme de l'objet qui s'est représenté
au sujet commun. Car, nous l'avons dit (IV, 8 ss.), subir une impression sensible
est le propre de ce qui est en passivité, comprendre et d'après cela acquérir la
notion d'une chose, le propre de l'âme automotrice. Or la figure de l'être modelé
est relative à l'affection subie et à l'impression sur les sens, non à l'entendement
et à la connaissance.

[VII, 1] Quant aux mouvements locaux, comment, chez l'embryon enraciné
par le cordon ombilical, se feraient-ils par impulsion et avec représentation, alors
qu'ils ressemblent plutôt aux torsions d'entrailles et aux tressaillements dans les

---

[15] Le texte n'est pas sûr.

organes toutes les fois que, à un moment donné, le souffle vital a été intercepté[16].

[2] Il se produit en nous aussi quantité de changements locaux de certaines matières sans qu'il y ait représentation, par exemple le passage de l'aliment selon la doctrine traditionnelle. Le tube digestif le reçoit d'une manière consciente à l'intérieur des dents jusqu'à la gorge, mais, à partir de ce point, il n'y a plus de conscience, ni quand cet aliment est digéré et qu'il distribue ce qui est utile dans le foie, ce qui est inutile dans le reste du bas-ventre et les entrailles, ni quand il fait dévier le liquide inutile dans la vessie. Et il n'y a pas non plus possibilité de se représenter comment, quand l'aliment s'est converti en sang dans le foie, la nature l'envoie au cœur, après en avoir séparé la lie pour en faire de la bile, ni comment le cœur le renvoie aux veines qui à leur tour irriguent la chair. Comment enfin la nature, ayant retenu une partie de ce sang, le convertit en sperme, multipliant dans le produit ses propres raisons séminales, on ne peut non plus en prendre conscience.

[3] Tout cela, qui est des mouvements locaux, s'accomplit sans impulsion ni représentation, en sorte qu'il n'y en a pas non plus dans le cas des mouvements des embryons.

Quant à leurs impressions de plaisir et de peine, ç'a été là des expansions et des contractions, comme on en voit précisément aussi chez les plantes quand elles se flétrissent altérées de soif et reverdissent après un apport de liquide. De même donc que les plantes sont dites avoir soif et apaiser leur soif sans qu'elles se forment d'images, et de même que certaines d'entre elles se tournent vers le soleil et se meuvent en cercle avec lui en faisant correspondre le cours de leurs inclinaisons aux courbures du mouvement solaire, et que d'autres se fendent en direction de la lune et ouvrent toutes grandes leurs corolles jusqu'au maximum d'écartement, et que d'autres, en fait, vont jusqu'à tendre, comme des mains, leurs vrilles vers des échalas, de même les embryons tressaillent parfois naturellement au contact de la chaleur.

---

[16] Quand l'air n'a plus d'échappement, il se produit des flatuosités, d'où résultent les phénomènes indiqués.

[VIII, 1] Maintenant, quand on dit que, si la mère a envie de tel objet, c'est précisément parce que l'embryon aussi en a envie, on méconnaît entièrement les accidents qui surviennent aux femmes en grossesse du fait de la matrice. De même qu'on ne doit pas dire que ces femmes vomissent parce que leurs fruits vomissent, ni qu'elles ont la nausée à cause des nausées des embryons, de même ne dira-t-on pas qu'elles ont des envies à cause des appétits de l'embryon, mais il faut attribuer tout le phénomène au mouvement de la matrice, qui est cause aussi des accidents qui frappent l'embryon quand ces envies n'ont pas été satisfaites.

[2] Cette matrice, à coup sûr, Platon estime qu'elle est guidée par une impulsion propre, et il lui attribue une action opérative presque égale à la part que fournit le père pour la construction de l'ouvrage. Voici ses propres paroles dans le *Timée* (91 a 1) : « Les dieux ont machiné l'amour de la conjonction sexuelle en construisant un vivant animé dont une espèce est en nous, l'autre espèce dans la femme ». Il appelle « des vivants en nous », instruments de la génération, tant le membre du mâle que la matrice de la femelle, « des vivants » non parce qu'ils vivent seulement comme les plantes, mais parce qu'ils obéissent à l'âme automotrice. Car il dit (91 b 5) que « le système des parties honteuses a été créé indocile et indépendant en son vouloir, comme un vivant qui n'écoute pas la raison et qui, à cause d'appétits furieux, s'efforce de tout dominer ». C'est ce que manifeste l'indépendance du vouloir, comme si le mouvement des parties obéissait à une impulsion ; oui bien, et en outre la réalité aussi le manifeste : car ces parties sont mues par une image, tout de même que les autres parties qui obéissent à l'impulsion.

[3] Quant à la matrice, Platon s'exprime en ces termes (91 b-d) : « Dans les femmes à leur tour, pour la même raison, si ce qu'on nomme matrice ou utérus, qui est en elles un vivant possédé du désir de faire des enfants, est resté longtemps, à la saison convenable, sans donner fruit, il le supporte avec peine, s'irrite et s'en va errer de tous côtés dans le corps ; comme il obstrue les issues du souffle et empêche la respiration, il jette la victime dans les angoisses les plus extrêmes et cause d'autres maladies de toute sorte, jusqu'à ce que leur désir et leur amour mutuels aient rapproché les deux sexes, cueilli pour ainsi dire le fruit de l'arbre, semé dans la matrice, comme dans un sillon, des vivants invisibles en raison de leur petitesse et non formés encore, et qu'alors, après avoir, de ces vivants, différencié les parties, ils les nourrissent jusqu'à ce qu'ils aient pris taille dans le

ventre, et finalement les fassent venir au jour, achevant ainsi la génération des vivants ».

[4] La matrice est donc elle aussi, selon Platon, un vivant plein de désir, qui s'irrite dangereusement et erre de tous côtés dans le corps. Dès lors, comment ne serait-elle pas la cause même des désirs et des mouvements, quand en fait Platon dit textuellement qu'elle jette la victime dans les angoisses les plus extrêmes ? C'est donc de la matrice que viennent et les envies de la mère et les mouvements de l'embryon.

[IX, 1] Quand on est capable de comprendre, il suffit, pour connaître l'opinion de Platon, qu'il ait dit que les puissances de désir présentes dans les organes générateurs des parents cueillent pour ainsi dire le fruit de l'arbre et le sèment dans la matrice comme dans un sillon : cela suffit pour connaître clairement que l'administration de l'embryon dans la matrice est purement végétative selon Platon, et que l'embryon n'a pas de part encore à l'âme automotrice.

[2] — Mais comment, disent-ils, Platon a-t-il parlé d'ensemencer des vivants ?

— Ces gens-là se fourvoient lourdement par inattention. Car Platon n'a pas parlé simplement d'ensemencer des vivants : l'eût-il fait d'ailleurs, qu'il serait permis de l'entendre au sens où nous l'entendions un peu plus haut nommer les plantes des vivants. Mais que dit-il ? « Ayant semé des vivants invisibles en raison de leur petitesse et non formés encore. » Or ce qui n'est pas formé n'est pas encore un vivant. Et même si les embryons avaient déjà reçu figure plastique et croissance, encore est-il que cette configuration et le fait de croître sous l'action d'une puissance végétative seraient de l'ordre corporel et ne reviendraient pas à cette âme différente qui est proprement l'âme du vivant. « Et finalement », dit Platon, « ils le font venir au jour, achevant ainsi la génération des vivants ». Ils achèvent la génération des êtres en puissance à devenir vivants. Ainsi voit-on que Platon sait parfaitement que l'animation par l'âme automotrice a lieu après que l'embryon est venu au jour hors du sein maternel.

[3] — Mais comment, disent-ils, en un lieu où il passe en revue les infortunes

que subit l'âme, Platon a-t-il dit : « S'il est vrai qu'il lui a été réservé d'appartenir même aux *portés dans le sein* ».

—Ceux qui tiennent ce langage ignorent qu'autre chose est *être porté dans le sein*, autre chose *appartenir aux portés dans le sein*. Le premier désigne précisément le fait que quelque chose est conçu dans le sein, le second le fait d'être logé dans les *portés dans le sein*. De même donc que, si l'on qualifie de malheur pour l'âme le fait d'appartenir aux mortels, on ne dit pas que l'âme est devenue mortelle, mais qu'elle est logée dans les mortels, de même, à coup sûr, faut-il entendre ce *appartenir aux portés dans le sein* en ce sens que l'âme entre dans la race des êtres portés dans le sein et mortels, mais non en ce sens que, au moment où ces êtres sont conçus, elle est, elle-même aussi, conçue avec eux [17].

[4] Pareillement, ils se méprennent sur la pensée de Platon quand il dit, dans le *Phèdre* (248 d), que « l'âme qui a contemplé le plus abondamment entre dans la *semence* d'un homme ami de la beauté, et adonné aux Muses ». Car, par *semence*, il ne faut pas entendre le sperme, mais la génération, en sorte que cela signifie « génération de celui qui doit encore être porté dans le sein », et non « sperme de celui qui procrée ». Car Platon ne dit pas que l'âme arrive et va se loger dans le sperme d'un homme ami de la beauté, mais qu'elle contribue à la génération d'un homme ami de la beauté, en sorte que l'ami de la beauté, ce n'est pas l'engendrant, mais l'engendré.

[5] D'autre part, ce qui prouve que, selon Platon, l'âme vient s'établir quand l'embryon, après l'achèvement de son corps, est sorti de la mère pour venir au jour, c'est qu'il est dit aussi dans le *Timée* (43 a) : « Quand le corps en son entier eut été bien équipé, Dieu y introduit l'âme ». Mais dans le *Phèdre* aussi (246 c) Platon parle de même, et pour ainsi dire partout où il dit que l'âme, s'emparant du corps, fait du composé de corps et d'âme un vivant.

---

[17] Il veut dire (ou plutôt, selon lui, le texte de Platon signifie) que l'âme appartient aux êtres dont la condition est d'être portés dans le sein et mortels, mais elle n'y entre qu'à la naissance.

PREUVE PAR LA NATURE DES CHOSES, X, 1-XII, 7.

[X, 1] Cependant, même sans l'aide de Platon, il faut examiner le phénomène en sa réalité même et se demander, d'une vue non superficielle, s'il n'est pas vrai que toute la génération des embryons ressemble, autant qu'il est possible, à celles des plantes, le père faisant tomber la semence, la mère la recueillant pour la faire croître, non pas seulement, comme la terre, pour fournir la nourriture ni de la même manière qu'aux nouveau-nés elle procure simplement le lait, mais d'une façon quelque peu analogue à ce qui se passe chez les plantes greffées et inoculées : car il y a dans la matrice une puissance unie au sperme, sous l'action de laquelle et le sujet de base qui possède sa nature propre et le sujet inoculé qui a la sienne composent une sorte de mélange pour former l'unique substance du sujet inoculé.

[2] L'administration du produit engendré se fait donc en conformité avec le sujet qui a été greffé, mais tout ce qui vient naturellement d'en bas [18], c'est le sujet récepteur qui l'administre selon sa nature propre. Et tantôt il y a prédominance des qualités du sujet de base, tantôt les qualités du sujet inoculé s'emparent ensemble du tout.

[3] Cependant, et dans les végétaux et dans la matrice végétative, l'administration du fruit se fait à peu près de même. Tout aussitôt, la puissance immanente au sperme fait se coaguler autour de lui une enveloppe extérieure membraneuse, comme le dit Hippocrate [19], et confectionne cette enveloppe de la même manière que chez les fruits elle fait les fleurs et la peau : c'est ce qui devient le chorion. Du centre de l'embryon elle fait se tendre, à la manière d'une racine ou d'un pédoncule, un petit tube grêle semblable à un boyau, et c'est suspendu à ce tube et enraciné par lui que l'embryon respire et se procure principalement la nourriture : on le nomme le cordon ombilical. A partir de la circonvolution sphérique du sperme, elle érige et étend en longueur et largeur une autre membrane exté-

---

[18] C'est-à-dire l'alimentation et la croissance.
[19] Cf. Hippocr., *Nat. Puer.*, 12 (VII, p. 488. 13 ss. L.).

rieure qui devient, pour l'être qu'elle façonne, une défense contre les atteintes du dehors. Enfin, jusqu'à la sortie, elle ne cesse de façonner et de fixer ensemble tous les organes intérieurs : du moins certes, si par violence un embryon était arraché à la matrice avant terme, lors même qu'il fût proche du temps de l'enfantement, on lui trouve les parties intérieures sans consistance et prêtes à se disjoindre, bien que l'organisation plastique soit avancée et que le tissu de l'enveloppe extérieure soit constitué.

[4] Tout le temps donc que l'embryon demeure dans le ventre est employé au modelage et à la fixation des parties. Cela ressemble à l'appareillage d'un navire : à peine le constructeur a-t-il achevé et amené à la mer le navire, que le pilote vient s'y loger. Si de plus on imaginait avec moi le constructeur toujours attaché au navire et ne le quittant pas, alors même que le pilote y est monté après qu'il a été tiré du rivage à la mer, on aurait là une image ressemblante de la construction de l'embryon au cours du processus générateur, bien que, entre autres nombreuses différences qui distinguent les œuvres du principe créateur naturel[20] des créations artificielles du constructeur de navires, la moindre ne soit pas que le constructeur peut être séparé de sa création et du pilote, tandis que ce principe est inséparable de ce qu'il produit et que toujours il veut être entièrement présent en ses ouvrages.

[5] C'est pourquoi aussi ce principe s'associe tantôt à tel pilote, tantôt à tel autre. Tant que le sperme est dans le père, il est gouverné par la puissance végétative du père et par l'âme supérieure de celui-ci, qui conspire avec la puissance végétative pour la production de l'ouvrage. Quand, sortant du père, le sperme a été injecté dans la mère, le principe créateur naturel s'associe à la puissance végétative de la mère et à l'âme de celle-ci, le mot « s'associer » devant être compris non pas au sens que les parties associées perdent ensemble leur être propre ni que, comme les substances mélangées, elles se résolvent en un seul élément, mais en ce sens qu'elles maintiennent tout du long cette sorte de mélange divin et paradoxal qui est la propriété spéciale des êtres du genre animal : elles ne font qu'un avec l'associé convenable de la même manière que les substances qui, dans le mélange, perdent ensemble leur être propre, et en retour elles conservent leurs puissances particulières de la même manière que les substances non mélangées

---

[20] Ou encore l'âme végétative de l'embryon.

qui restent distinctes en elles-mêmes : ce qui prouve au surplus qu'elles ne sont pas corporelles et que leurs essences ne sont pas soumises à la condition des corps.

[6] Mais, sur ce mélange total sans destruction des parties, je suis prêt à exposer ma pensée, avec la longueur voulue, dans d'autres discours sacrés. Quand enfin le sperme n'est plus sous la dépendance du gouvernement maternel, la mère n'abrite plus l'être qui, à la séparation, doit rompre le mélange, et le principe créateur naturel lui aussi, par un décret de la nature, passe des ténèbres à la lumière, du milieu aqueux et sanguin où il résidait jusqu'alors à une enveloppe qui séjourne dans l'air. Or, à ce moment de nouveau, il reçoit aussitôt de l'extérieur son pilote, qui se trouve là par la providence de la Cause ordonnatrice de l'univers, qui n'a nullement permis que l'âme végétative fût privée de pilote dans le cas des vivants : mais, alors que les parents se bornent à fortifier cette âme, quand elle leur est unie, pour l'accomplissement de sa besogne, l'âme venue de l'extérieur non seulement la fortifie pour accomplir la besogne de la mère en l'animant de souffle comme faisaient les parents, mais encore elle dirige sa besogne à la manière dont les âmes humaines dirigent la besogne des principes végétatifs qui leur sont appropriés.

[XI, 1] L'âme végétative une fois venue au jour avec le fruit, le pilote y entre sans y être forcé. Sans doute, comme je l'ai vu au théâtre, ceux qui jouent Prométhée sont forcés de faire entrer l'âme dans le corps alors que l'homme récemment façonné est étendu sur le sol : cependant les Anciens peut-être, par ce mythe, n'avaient pas dessein de montrer que l'entrée de l'âme est chose forcée, ils faisaient voir seulement que l'animation a lieu après l'enfantement et quand le corps a été façonné. C'est là aussi ce que le théologien des Hébreux paraît signifier quand il dit que, lorsque le corps humain eut été façonné et eut reçu toute la structure qui lui revient, Dieu lui insuffla le souffle en façon d'âme de vie (*Gen.* II, 7).

[2] Ainsi donc, l'âme automotrice n'entre pas dans le corps par contrainte, et moins encore, en épiant les ouvertures de la bouche et des narines, propos assurément ridicule et qu'on rougirait de tenir, dont pourtant se glorifient certains des Platoniciens. Car l'animation est un phénomène naturel, comme, en géné-

ral, toute jonction qui se fait selon un accord entre la partie ajustée et la partie capable de s'y ajuster. Par exemple, si l'œil voit, ce n'est pas parce qu'un cône s'est étendu depuis la pupille jusqu'au ciel, ni parce que des rayons épanchés jusqu'à l'objet visible y ont produit, en s'y brisant, des angles de réflexion, ni parce que des images se sont écoulées depuis les objets jusqu'à l'œil, mais parce qu'ils ont été heureusement ajustés, l'un pour voir, l'autre pour être vu. Ainsi encore, si le naphte allumé à un feu allumé se convertit en flamme, ce n'est pas à cause du lieu intermédiaire, puisque rien n'empêche que, même sans contact, les substances mises en harmonie soient en sympathie l'une avec l'autre : c'est aussi en vertu d'une affinité que l'aimant attire naturellement la limaille de fer et les brins de paille et que le corps disposé à être dirigé par une âme attire l'âme qui convient au corps ainsi disposé, sans qu'aucun acte de vouloir, de surveillance ou de choix contribue à la venue de l'âme, comme aucun de ces actes n'empêche l'âme de s'en aller une fois l'harmonie rompue.

[3] De même donc que, lorsque le corps instrumental a été désajusté, on aurait beau obstruer la bouche, les narines et les autres ouvertures du corps en y laissant tomber une infinité d'objets, l'âme aurait beau préférer de rester, user de violence et de supplications, elle s'en va par une nécessité de la nature qui n'a nullement voté que le désajusté s'accorde au désajusté, de même, quand le corps a été rendu propre à recevoir une âme, l'âme qui doit l'utiliser vient en lui, sans avoir eu nul besoin de s'y implanter peu à peu ou d'y entrer par quelque partie : c'est tout soudain qu'elle vient et qu'elle se détache, elle n'a pas fait route à travers le processus d'une genèse, elle n'a pas différé son départ tout au long d'une corruption, de même que l'éclair non plus ne se forme peu à peu tout au long d'une genèse, mais il est ou il n'est pas, sans comporter l'extension temporelle de la genèse et de la corruption. Il n'est pas vrai non plus que, comme un oiseau qui entre dans une maison par la fenêtre, l'âme, volant à travers l'air, entre par la bouche ou le nez, mais, soit que, étant céleste[21], elle ait attiré à elle un corps fait d'éther ou de souffle ou d'air, ou encore formé du mélange de ces éléments, soit qu'elle ait pu, même sans ces corps, faire sa venue dans les vivants aptes à la recevoir, c'est par tout l'ensemble du sujet qu'a lieu, en même temps, l'animation, de même qu'est instantané le lever du soleil pour la distribution des rayons

---

[21] L'âme, étant céleste, ne peut entrer directement dans un corps de chair : il lui faut entrer d'abord dans un corps intermédiaire, éthéré, pneumatique ou aérien.

depuis une extrémité de la terre jusqu'à l'autre extrémité et jusqu'à toute région vue par le soleil.

[4] D'autre part, de même que, si des cordes ont été mises en harmonie, fussent-elles longuement distantes l'une de l'autre, et que des brins de paille aient été placés sur elles et leurs voisines — supposons que ces cordes voisines ne leur soient pas accordées, — qu'on frappe seulement l'une des cordes accordées, toutes se mettent à vibrer et, par leurs vibrations, renversent les brins de paille, tandis que les cordes voisines demeurent immobiles et restent inaffectées à cause de l'absence d'accord, et de même que la distance n'a nullement empêché les cordes harmonisées d'être affectées de la même manière et que non plus le voisinage n'a pas exercé de contrainte sur l'absence de sympathie entre les cordes non accordées, de même le vivant instrumental qui se trouve en harmonie avec l'âme appropriée obtient aussitôt de la sympathie dans l'âme qui doit l'utiliser. Quant au fait de sympathiser avec tel corps et non avec tel autre, c'est dû ou à la vie antérieure elle-même ou à la révolution de l'univers qui mène le semblable au semblable.

[XII, 1] Eh bien donc, si l'on peut démontrer que le corps est déjà en harmonie avec l'âme dans l'état d'imperfection de la vie utérine, la conclusion est nécessaire : c'est dès la vie utérine que naît l'âme qui doit se servir du corps propre à ce service. Mais si le corps encore porté dans le ventre est de tissu lâche, s'il a encore besoin du cordier et du tendeur de cordes, non pas de l'homme qui frappe la corde, pourquoi négliger d'examiner les faits et nous fourvoyer en des étrangetés absurdes en estimant que les embryons, quand ils émergent, ont déjà pris d'avance l'âme, parce que nous ne nous rendons pas compte que l'âme fait son entrée au moment de l'enfantement ? Tout cela, disons-nous, on se rend compte que cela n'a même pas de sens dans la période de l'enfance : et de fait l'intellect lui aussi n'entre qu'avec le progrès de l'âge.

[2] Ceci, pour ma part, loin de refuser, pour l'avoir déclaré absurde, de le concéder, je le soutiendrai plus que tout. Oui, prenant à témoin de la vérité de ce discours Platon et, avec lui, Aristote, je maintiendrai que l'intellect survient tard chez les hommes et ne vient même pas chez tous simplement comme cela, mais qu'il est rare et n'est donné qu'à ceux dont l'âme se rend apte à s'y unir.

[3] Si l'âme, quand elle s'est retournée vers elle-même, trouve l'intellect présent, il n'en résulte pas, bien sûr, qu'elle le possédait dès le principe lorsqu'elle est entrée dans le corps. Car les choses qu'on ne peut saisir localement non contenir corporellement, mais qui fusionnent en raison des aptitudes et ressemblances du sujet récepteur, ni le lieu ni le temps ni aucune autre contrainte ne s'en rend maître : qu'il y ait aptitude, on s'empare d'elles, l'union se fait, et plus on leur est accordé, mieux aussi on les tient. C'est pourquoi celui qui a la connaissance de Dieu tient Dieu présent, celui qui n'a pas cette connaissance est absent de l'Omniprésent (cf. *Tim.*, 53 b 3). Et il n'est pas à craindre qu'on nous reproche d'enlever l'intellect à beaucoup, puisque Platon a fait cette réflexion que celui-là doit s'estimer heureux à qui l'intellect arrive quand il est vieux et que les âmes ont perdu leurs plumes quand elles surviennent à la naissance[22], et puisque Aristote a démontré que c'est du dehors que s'implante l'intellect, quels que soient ceux en qui, à un moment donné, il entre[23]. Sans doute, quand elle survient, l'âme possède de prime abord raisonnements, inclinations et opinions, mais l'homme, dans sa petite enfance, est encore imparfait.

[4] De plus, la vie utérine ne ressemble pas à l'état d'imperfection du tout petit enfant eu égard au pubère, mais elle sort de l'ordinaire et elle est d'une autre sorte. L'homme qui, le temps s'avançant, prendra une nourriture solide, dans sa petite enfance est nourri de lait : mais ni le lait ne sort de la catégorie des aliments, ni l'alimentation ne se fait par une autre voie que par la bouche. En revanche, l'alimentation dans la vie utérine est de nature particulière, et elle ne se fait pas par la bouche, mais par un autre conduit, s'il est vrai que c'est par le cordon ombilical, ce qui est plutôt le fait des plantes, non des animaux. En outre, le tout petit enfant ne prononce que des sons indistincts et inintelligibles, mais il n'en fait pas moins connaître ce qui le chagrine par des signes visibles et des larmes. Dans l'embryon au contraire, la vie ne peut s'exprimer ni par la voix ni par des signes sensibles. Quant au reste, pour ne pas dévoiler une fois de plus les mêmes choses, la croissance de l'embryon encore porté dans le ventre se rapproche plus du genre de vie des plantes que de celui des animaux.

[5] En ce qui concerne la faculté raisonnante, les nouveau-nés la possèdent

---

[22] *Phèdre*, 246 c, 248 c.
[23] *De an. Gen.*, II 3, 736 b, 28.

aussi de quelque manière, puisqu'ils ont la faculté sensitive, par l'intermédiaire de laquelle celle-là est mue à agir; et encore faut-il que tout s'y prête, et l'entourage et les circonstances extérieures, et qu'ils soient assistés par l'adulte déjà raisonnable en acte pour qu'ils parviennent jusqu'à l'acte. En revanche, il n'y a même pas trace de faculté sensitive chez le fruit encore dans le ventre, parce qu'il n'y a encore en lui ni les organes grâce auxquels se produisent les sensations ni les localisations ni les distances.

[6] Quant aux tressaillements, ils ne sont pas moins nombreux, même dans les fœtus de superfétation, de même qu'il y a aussi, dans le cas de ces fœtus, des torsions exactement comme chez les embryons, en sorte que les sages-femmes et celles-là mêmes qui ressentent les douleurs sont souvent en doute si ce qui se meut est du nombre des êtres vivants. Le phénomène dit de la môle présente aussi les mêmes mouvements et tressaillements, si bien que, jusqu'à une date tardive, on demeure dans l'incertitude si ce qui se meut est un embryon; mais, quand est dépassé le temps de la grossesse, la preuve est faite de l'erreur. Il a été admis que ces produits sont inanimés, mais non exclus de la nature, exactement à la manière aussi des monstres, qui, bien qu'ils soient contre nature, n'en appartiennent pas moins à la nature qui n'a pas réussi à produire le rejeton normal.

[7] Ainsi donc, dans le cas de l'embryon, il n'y a eu besoin que de la force végétative qui fait croître et modèle le fruit, l'entrée de la puissance sensitive et opinative est superflue et constitue une entrave, puisque, même dans notre état présent, si la puissance végétative fait pousser le vivant et accomplit sans obstacle l'ouvrage qui lui revient, la sensibilité est empêchée et s'enfonce sous le champ de la conscience durant le sommeil, et plus le sommeil est sans rêves et sans images, plus aussi la puissance végétative est agissante, tandis que ceux qui sont affligés d'insomnies et de préoccupations dépérissent, l'ouvrage de l'une des puissances étant repoussé par les opérations de l'autre. Et même s'il était besoin d'un reflet de sensibilité et pour ainsi dire d'une lumière puisque le rayon solaire ne pénètre pas de l'extérieur dans le ventre, ce qu'il y en a dans le corps de la mère, qui a été constitué sensible, est suffisant par lui-même pour accomplir la fabrication.

IIe PARTIE : L'EMBRYON N'EST PAS UN VIVANT EN PUISSANCE XIII, 1-XVI, 9.

[XIII, 1] Que l'embryon ne soit pas un vivant en acte, qu'il ne participe pas à une âme automotrice présente en acte, ce qu'on vient de dire suffit à le montrer. Mais qu'il ne soit pas même animé en puissance, l'*en puissance* étant entendu de ce qui a reçu l'habitus, mais demeure inerte sans agir, il reste à le prouver. Ce qui a reçu l'habitus et n'agit pas, mais demeure inerte sous le rapport de cette puissance, s'il a acquis toute la perfection qui revient à sa forme spécifique, s'est simplement tenu en repos ; mais s'il était encore imparfait selon sa forme, et qu'on affirmât de lui l'*en puissance*, on passerait manifestement à l'autre signification de l'*en puissance*, en écartant la signification normale correspondante à la perfection de la forme, c'est-à-dire simplement « qui demeure inerte sans agir ».

[2] Par exemple, si quelqu'un à propos de la rame qu'on a rejetée du navire, affirme l'*en puissance* parce qu'elle ne fait pas avancer le navire, on juge qu'il veut dire la « chose en puissance » qui sans doute est parfaitement constituée selon sa manière d'être, mais qui se repose d'agir sous le rapport de sa puissance propre. En revanche, celui qui assigne l'*en puissance* au cas des planches appropriées à la fabrication de la rame, planches dans lesquelles on ne voit pas encore la forme de la rame, mais qui peuvent devenir des rames par l'art du fabricant, accorde sans doute que la forme de la rame n'est pas encore d'aucune façon dans la planche, mais signifie par le terme *en puissance* que cette forme peut venir à l'être. En sorte que telle chose est dite *en puissance* parce qu'elle peut recevoir la puissance, telle autre parce qu'elle reste inerte sous le rapport de la puissance qui se trouve déjà en elle.

[3] Puis donc que le dormeur n'exerce pas ses activités sensitives, et que l'embryon est également sans exercer les siennes, il faut examiner si le sperme, ou ce qui est fabriqué à partir du sperme, ressemble à l'homme en repos ou au dormeur ou, oui certes, par Zeus, à l'homme engourdi de sommeil, s'il ressemble,

en vérité, à la rame immobile et qui ne fait pas avancer le navire, et non pas à la planche qui n'a pas reçu encore la forme de la rame.

[4] Eh bien, si du moins on considère le vrai, il apparaîtra que l'embryon, jusqu'à l'enfantement, est encore inachevé. Le corps animal ne consiste pas dans le modelage extérieur, ni dans le contour externe investi de la forme spécifique, mais dans la perfection totale de l'ouvrage modelé, quand on peut voir que sont pleinement achevés le contour externe, les entrailles et tout le reste, muscles, os, artères et veines, et l'entière fabrique des organes, de même que, touchant les fruits des arbres, la maturité implique l'achèvement : or est mûr ce qui, dans le cas des embryons, sort de la mère d'une manière conforme à la nature, comme les fruits qui tombent des arbres. L'embryon n'est donc pas encore doué de sensation comme ce qui a reçu l'habitus, et il n'est donc pas non plus en puissance, du moins dans ce sens là : car il n'y a pas encore de facultés sensitives dans les organes inachevés, comme il n'y a pas non plus la forme de la rame dans la planche. Par conséquent, l'embryon est *en puissance* doué de sensation, d'impulsion et de raison, non pas au sens de ce qui a reçu la puissance et demeure inerte sous le rapport de cette puissance, car il ne ressemble pas non plus à un dormeur, mais au sens de ce qui peut recevoir la puissance et qui est encore inachevé.

[6] C'est à cette opinion que se rattache Platon lui-même[24], quand, divisant l'âme, il en attribue la partie gouvernante à la région de la tête, l'irascible à la région du cœur, le concupiscible à la région du foie : or, là où il n'y a encore ni tête ni cœur ni foie, comment se peut-il que l'âme ait le moyen de s'y installer ? D'autre part, si la nature ne fait rien au hasard, ni, c'est plus vrai encore, Dieu, mais toujours en vue d'une fin, qu'on me dise comment, si elle a garde à ce qui doit arriver, elle aurait fourni un organe dont l'embryon ne peut pas encore se servir, alors que la puissance végétative suffit par elle-même pour la production de l'ouvrage, que l'âme maternelle collabore suffisamment aussi à l'équipement de l'embryon, et que l'âme automotrice capable d'agir demeure inactive en ce qui regarde les ouvrages de la puissance végétative.

[7] A coup sûr, la méconnaissance de ce point est le fait de gens incapables de

---

[24] *Tim.*, 73 c-d, 70 a-d.

comprendre comment l'âme est présente au corps et comment elle en est absente, que ni cette présence ni cette absence ne sont locales, et que c'est en vertu de l'état d'adaptation et de commun ajustement que ou bien l'âme est immanente au corps, ou du moins lui est présente et s'y accorde, ou bien elle en est absente et se trouve en désaccord avec lui. Or, selon les calculs de la nature, l'embryon n'est pas encore ajusté à l'âme : comment donc l'âme est-elle présente à ce qui ne lui est pas encore ajusté, alors qu'il ne lui est pas possible d'y être présente d'une autre manière ? Car, même si l'on concédait que l'âme fût présente localement, toujours est-il que, comme la présence de l'âme en vue de la vivification n'a pas lieu localement, mais par suite d'un accord entre le corps instrumental et ce qui utilise l'instrument, ce qui doit utiliser l'instrument est absent puisque celui-ci ne peut pas encore être en accord vu son imperfection, même si l'on concédait que l'âme fût présente d'une autre manière.

[XIV, 1] —Oui certes, disent-ils, mais de même que le sperme possède la raison séminale des dents, qu'il fait pousser après la sortie qui suit les douleurs, et de même qu'il possède les raisons séminales de la barbe, du sperme et des menstrues, ainsi est-ce par la présence dans le sperme des raisons séminales de l'impulsion, de l'imagination et de la sensation que ces facultés surgissent après l'enfantement.

[2] —Que ceux qui parlent ainsi ne font nulle violence, dans leur dissentiment, à l'évidence des faits, que leurs conjectures soient même choses raisonnables, cela va de soi, par la seule considération que, si ces facultés n'étaient pas présentes dans le sperme, elles ne sauraient naître ensuite. Pourtant, du fait de leur partialité, ils ne se rendent pas compte qu'ils font provenir l'âme d'une semence et qu'ils manifestent l'âme végétative comme supérieure à l'âme automotrice.

[3] Eh bien, ces erreurs sont celles des stoïciens qui, par une conversion de bas en haut, ont eu l'audace d'engendrer le supérieur à partir de l'inférieur : ayant posé comme donnée du problème que, pour toutes choses, l'être et l'essence viennent de la matière, ils font dériver de la simple consistance[25] la nature végé-

---

[25] Le fait que les parties tiennent ensemble dans un même tout, ce qui est le propre des êtres inorganiques.

tative, de la nature végétative l'âme sensitive et l'âme impulsive, de celles-ci à son tour l'âme raisonnable, de l'âme raisonnante l'intellect, et, au moyen de différences dans les mouvements[26] et d'additions, ils engendrent toutes choses de bas en haut alors qu'il eût fallu les engendrer de haut en bas et faire sortir l'inférieur du supérieur, puisque tout engendrant, de par son essence même d'engendrant, est naturellement fait pour engendrer un inférieur à lui, non un supérieur. C'est pourquoi la puissance végétative en nous a engendré le sperme qui lui est inférieur en tant que dépourvu du mouvement en acte, mouvement qu'il obtient par la suite et de la nature végétative de la mère et de ce qui l'entoure, l'être en acte prenant toujours le pas sur l'être en puissance.

[4] En outre, si les raisons séminales de l'imagination et de l'impulsion sont dans le sperme, et que la puissance végétative les amène ensuite à l'acte, la puissance végétative qui, mise en mouvement, s'est changée en âme sera l'air même qui, selon Chrysippe, a fondu sur elle aussitôt la sortie après les douleurs: or on ne saurait trouver discours plus dépourvu d'âme[27] que celui-là, parce qu'il est impie et a l'audace de faire dériver le supérieur de l'inférieur. Si d'autre part l'âme, sans être un rejeton de la puissance végétative, n'en est pas moins présente dans le corps par le fait d'une capture, ce drame qu'on nous offre ainsi de la capture de l'âme est, lui aussi, pure fiction, et nullement le fait de connaisseurs, mais de gens qui de nouveau ignorent que l'âme n'est pas capturée comme par la main ou par un lien ou au moyen d'une cage: car, pour tout dire d'un mot, sa capture n'est pas de l'ordre corporel, elle n'a lieu qu'en vertu d'une aptitude, comme le feu non plus ne se laisse pas prendre par un lien ou par la main, mais seulement en vertu de l'aptitude de la matière combustible.

[XV, 1] Maintenant, que soit apte aux sensations, impulsions et représentations l'être suspendu à la matrice, attaché à elle et nourri par le cordon ombilical comme par une racine, dont en outre les organes des sens et les viscères ont leurs orifices clos et sont encore informes, puisque tous les pores sont bouchés par un milieu liquide dans lequel cet être ne saurait subsister si jamais il s'y trouvait

---

[26] Le mouvement de la plante diffère de l'inorganique, le mouvement de l'animal de lui de la plante.

[27] Sens: « plus matérialiste ».

après son entrée dans la vie, j'en voudrais obtenir la preuve d'un homme qui ne s'abaissât pas à des niaiseries.

[2] Je ne dis rien de ce que, l'essence de l'âme consistant en un mouvement de connaissance, de toute façon, si elle est présente, l'être en qui elle est présente devient par elle capable de connaître ; je n'en dis rien pour qu'on ne se figure pas répondre à propos en alléguant les états d'hébétude et de profond sommeil, sans voir qu'en ces états le vivant ne laisse pas que d'imaginer, il perd seulement le souvenir des images, chez l'embryon en revanche il y a incapacité d'imaginer, dès là qu'il n'est même pas encore en activité sous le rapport de la sensation : or c'est à partir de la sensation que les impressions sensibles sont repétries en forme d'images.

[3] Si d'autre part on dit que l'âme, même dans le sperme, fait des actes d'imagination et d'appétition en tant qu'indépendante, non plus en tant qu'âme d'un vivant et du composé de corps et d'âme, parce que ce n'est pas non plus une âme et un sperme qui font le vivant, mais une âme et un corps instrumental, on marque seulement le fait que l'âme n'est pas encore présente à l'embryon, à cet embryon auquel elle ne communique pas encore ses activités propres et auquel n'ont pas appartenu, je suppose, les inclinaisons et imaginations qui viennent par l'âme.

[4] D'ailleurs il y a unanimité parmi ceux qui, avec Platon, admettent sans discussion l'existence indépendante de l'âme pour ne pas refuser de reconnaître qu'il y a en elle, même séparément de ce corps animal, de certaines sensations et appétitions, oui, et c'est même complément, disent-ils, que l'âme voit alors, complètement qu'elle tend vers son objet et se le concilie, non pas au moyen de parties et d'ouvertures déterminées comme lorsqu'elle est entrée dans ce corps animal, dans ce corps, dis-je, durant l'état encore inachevé duquel il est bien possible que l'âme ait les sensations qui lui sont propres, mais comment se peut-il qu'elle se procure les sensations qui impliquent l'union avec un corps entièrement achevé ?

[5] Voici ce qu'on ignore : il n'est pas vrai que, tout comme des défauts ou

excès dans le corps ne font nul obstacle à la vie végétative, que dis-je, même dans le cas d'excisions, d'extractions ou d'excroissances de chair, le travail de la nature n'est pas grandement empêché, de même aussi l'état des organes est indifférent eu égard aux facultés psychiques. Ce qui est sûr du moins, c'est que, s'il s'est répandu dans l'œil un peu de liquide, la faculté de voir est empêchée et disparaît, si un peu de bile s'est emparé de la méninge, la faculté imaginative est altérée, et il en va pareillement pour le reste : une petite marge fait grande différence pour empêcher les mouvements psychiques. Or l'embryon tout entier ressemble à une boue nullement solidifiée, qui peut se comparer à de l'eau.

[XVI, 1] Maintenant, admettons que le sperme ait une âme, s'il plaît de nommer âme la puissance végétative, admettons, oui, qu'il la tienne du père, détachée de lui ou engendrée par lui, admettons que, de la mère aussi, plus tard, il obtienne ou nourriture, ou encore force, voire même commune respiration pour cette âme végétative et augmentative qui est en lui — de fait, il semble qu'Hippocrate aussi, selon l'ancien usage, appelle âme la puissance végétative —, en tout cas, pour ce qui est de l'âme automotrice, il n'est pas possible de montrer qu'elle réside dans le sperme ou du moins dans l'embryon, parce qu'il n'est pas besoin non plus de cette âme-là, la puissance propre du sperme ayant été assumée pour l'ouvrage.

[2] Car c'est de l'âme irrationnelle que vient la fécondité, et il faut que la puissance végétative soit florissante si elle doit amener à un tel volume, modeler et rendre compacte en neuf mois cette goutte infime de liquide sans que rien ne l'en empêche. Or l'activité de l'une des puissances, par son approche, empêche que l'autre soit florissante. Comme l'excellence de l'âme fait obstacle à la fécondité de la puissance végétative, ainsi la puissance végétative à l'excellence de l'âme. Si donc il était besoin aussi d'une âme, ceux qui sont destinés à procréer le mieux, hommes et femmes, devraient s'exercer aussi à la vertu, et non pas, comme ils font d'ordinaire, se livrer aux exercices du corps. Si en revanche les exercices du corps sont favorables à la fécondité de la puissance végétative et si, comme quelqu'un l'a dit quelque part, le sage est un mauvais artisan eu égard à la procréation d'enfants, il n'est pas besoin, pour la génération des embryons, d'une âme dont la vertu soit la marque particulière, mais d'une âme à qui la vertu soit étrangère cependant qu'elle conserve la pleine vigueur qui lui est propre.

[3] Résumons-nous. Si l'âme cognitive fabrique le corps, et si c'est par elle que nous avons croissance et nourriture parce qu'elle modèle et nourrit le corps, il faut concéder la nécessité de cette âme, et d'une âme que l'embryon possède en privé par divis. Si en revanche l'âme de la mère suffit au sperme pour ce dont a besoin l'embryon — or il a besoin d'être modelé, de recevoir nourriture et croissance, et de vivre précisément ainsi, non de la vie cognitive, — il suffit de l'âme végétative et du principe fabricateur présent dans la matrice vivifiante.

[4] Pourquoi donc embrouillons-nous les affaires en nous embarrassant de savoir d'où vient l'âme automotrice et en refusant de croire qu'elle vient de l'extérieur, dès le moment où elle ne vient plus de la mère et où l'embryon n'est plus gouverné par l'effet de l'animation dont la mère est le principe ? Ce qui manque en effet vient de la mère à la puissance végétative qui a toujours besoin de recevoir un afflux de souffle de la part de la puissance sensitive parce que, comme nous l'avons dit (VI, 2-3), elle est un rejeton de la puissance sensitive et appétitive et qu'elle obéit à la sensation, bien que non-participante elle-même à la sensation, de même que la partie irrationnelle de l'âme, bien qu'incapable d'activité rationnelle, est réglée par la raison.

[5] Quant à ce qui manque, du fait de la nature corporelle irrationnelle, à la bonne liaison des parties après l'enfantement, c'est le Tout qui le donne et qui en remplit le sujet, puisqu'une âme particulière est aussitôt présente, n'importe quelle âme qui se soit trouvée à propos pour le nouveau-né et accordée au corps instrumental apte à la recevoir. Car les Chaldéens disent que, dans la partie orientale du ciel, il s'écoule éternellement un flux divin intelligible, qui meut le monde et le fait tourner, et qui vivifie tous les êtres du monde en leur envoyant des âmes appropriées. Dès lors, tout degré situé du côté de cette région orientale, qui est la porte d'entrée des âmes et le conduit par où respire l'univers, est rempli de puissance : ce degré est nommé le centre[28] et l'horoscope. De plus, tout être qui a émergé de la mère, ou qui de quelque autre manière est apte à devenir un vivant, est en dépendance du flux invisible qui s'écoule pièce à pièce, et il tire à soi, de l'âme de ce flux, la portion de flux vital qui lui revient — c'est pourquoi

---

[28] Point cardinal de l'écliptique. Sur les « degrés horoscopes » et les centres, cf. Bouché-Leclercq, *Astrologie Grecque*.

aussi on appelle ce centre oriental «lieu de la vie[29]» — au moment même où l'embryon, rejeté par la puissance végétative qui l'administrait, a émergé dans l'air à la naissance. C'est de ce moment aussi que les astrologues déduisent la marque distinctive de la conception, non que le flux vivifiant ait fait alors son entrée — comment le pourrait-il, puisqu'il n'a commencé de donner une âme qu'au moment précis où le nouveau-né a émergé après les couches? —, mais parce que le flux s'est ajusté au nouveau-né à cause de l'aptitude que celui-ci avait à le recevoir, et il n'aurait pas eu cette aptitude si, au moment de la conception, les fondations de l'embryon n'avaient pas été jetées.

[6] Si j'ai fait mention de ces doctrines, ce n'est pas que je tienne pour croyable tout ce qu'enseignent ces gens-là, mais pour montrer la quasi-universalité de la manière de voir commune, selon laquelle, dès les temps anciens, on a été convaincu que l'animation a lieu après l'émergence des fruits à la suite des couches. En outre, ayant fait réflexion que le Tout concorde avec lui-même et avec ses parties, on doit ne pas méconnaître que, comme il arrive dans le cas des notes où, si la note ajoutée au bas de l'échelle est consonante à la dièse, elle sauvegarde l'accord de l'octave, si elle est trop basse ou trop haute[30], elle s'écarte du double rapport[31], ainsi en va-t-il aussi du petit corps de l'embryon qui est dans le sein et en train de se rendre accordé à une âme : avant d'avoir reçu le degré suffisant d'accord avec l'âme, il ne la possède pas ; a-t-il été accordé, aussitôt il possède, présente en lui, l'âme qui doit l'utiliser ; mais tant que l'accord fait défaut, l'âme n'est pas présente, bien que le monde soit tout rempli et gorgé d'âmes.

[7] Car de même que, si le froid ou la chaleur ou encore quelque excès ou défaut relâche et détend l'accord de l'œil, aussitôt la faculté sensitive cesse d'être présente même en puissance...[32], de même l'âme, qui se servira du corps instrumental quand il aura été accordé, est absente de ce corps entier tant qu'il demeure imparfait et non accordé, même si, comme je l'ai dit, toutes choses sont recouvertes d'un épais manteau d'âmes. C'est, de fait, ce qui se passe pour nous aussi : bien que l'Univers supposé, soit recouvert d'un épais manteau d'âmes,

---

[29] Cf. Bouché-Leclercq.
[30] Littéralement «trop lâche ou trop tendue».
[31] Sc. de l'octave, composée de deux tétrachordes : sur tout ce passage, cf. *Oxford Class. Dict.*, s. v. *Music*, p. 586.
[32] Une ligne gâtée dans P.

nous ne pouvons vivre en compagnie de trois âmes, ou même de deux, qui conservent leur faculté propre de raisonnement, parce nous n'avons été accordés qu'à une seule âme, et, si cet accord est rompu, le corps peut sans doute admettre des âmes d'une autre sorte, par exemple des âmes de vers de cadavres et de vers de terre, mais il s'est séparé de l'âme qui lui était appropriée et consonante.

[9] Si donc... [33], comment l'âme serait-elle présente à l'embryon, cette âme dont la constitution naturelle est de ne pas lui être présente de l'extérieur et de ne prendre pour instrument que le tout complet une fois qu'il a été entièrement formé?

---

[33] Trois lignes gâtées. Le sens paraît être : « Si donc la nature artificieuse n'avait pas établi que l'âme, par sa puissance, dût s'unir au corps d'une manière totale », on pourrait admettre que l'âme ne vient pas du dehors dans le nouveau-né (mais qu'elle a grandi dans l'embryon) ; « en revanche, puisque l'union se fait en totalité, et que l'âme qui doit utiliser le corps » ne peut le faire tant qu'il n'est pas né encore, pleinement achevé, « comment etc. »

IIIᵉ PARTIE : MÊME SI L'EMBRYON EST VIVANT EN ACTE OU EN PUISSANCE, L'ANIMATION DOIT SE FAIRE DE L'EXTÉRIEUR XVII, 1-FIN.

[XVII, 1] [34] Maintenant, même si tout cela ne te convainc pas, même si tu conjectures que l'embryon a part à l'âme automotrice et non pas (seulement) au principe naturel de nutrition et de croissance, eh bien, muni encore d'une réponse en ce cas, je nie qu'on ait fait battre en retraite le dogme de Platon, que c'est de l'extérieur qu'a lieu l'entrée des âmes dans les corps. Admettons, oui, l'incertitude du moment précis du temps [35], que pourtant ce n'est ni le père qui livre l'âme ni la mère, cela sera décidé en conteste autant certes que tout autre point. Car, évidemment, si l'âme ne vient pas des parents, elle est entrée de l'extérieur.

[2] Est-ce lors de l'injection du sperme, ou de la configuration de l'embryon, ou au premier instant du mouvement local chez l'embryon, ou quand, à l'issue des douleurs, l'enfant se présente ? Que tout cela, si tu le veux, reste sujet à doute. Mais que l'âme, l'âme cognitive, ne soit pas un fragment arraché aux parents, qu'elle n'en soit pas détachée si à la façon des homœomères ni à la façon des anhomœomères, ni par conséquent avec diminution en ceux qui fournissent cette partie ni sans diminution comme dans le cas des facultés, ce n'est pas tâche sans limites que d'en persuader les incrédules par les raisons que voici.

Mais j'indique d'abord les arguments propres à réfuter ceux des défenseurs de Platon, qui, de propos délibéré ou parce qu'ils méconnaissent, je ne sais comment, la doctrine de Platon, ont dévié de la vérité.

[3] De fait, on pourrait à bon droit se poser cette difficulté : comment, de même que du blé naît du blé, du cheval un cheval, ne naît-il pas aussi, de l'homme, un homme, comment, de l'homme, naît-il (seulement) une partie instru-

---

[34] D'ici à la fin, nombreuses lacunes.
[35] De l'animation.

mentale de l'homme[36]? Car la puissance végétative est (seulement) une partie instrumentale de l'homme, tandis que l'homme, en tant que vivant, est un assemblage des deux parties, puisqu'il est composé d'un corps et d'une âme, de l'âme douée de raison. D'une manière générale, si le sperme est un homme en puissance, et que, selon nous, il n'a pas en puissance l'âme, comment serait-il un homme en puissance alors qu'il ne participe pas à l'âme?

[4] En outre, diront-ils, on constate deux sortes de générations, l'une à partir de semblables, l'autre à partir de dissemblables. Si l'on a allumé un feu à un autre, c'est du semblable qu'il tient la cause de son inflammation; mais si le feu résulte de ce qu'on a frotté des pierres ou des férules, ou de ce que des rayons viennent frapper des surfaces polies, c'est du dissemblable que le feu tient la cause de son inflammation...[37]

[5] De même donc qu'il y aurait absurdité à nier que, si l'on allume une mèche à une flamme, cet allumage a eu lieu de l'extérieur, puisqu'il a résulté extérieurement de la friction des pierres, de même, dans le cas des spermes, où ceux qui les projettent sont eux-mêmes animés, y aurait-il violence à vouloir nous persuader que ce qui naît à partir des spermes possède l'animation comme une chose ajoutée de l'extérieur, de la même façon que les êtres qui ne naissent pas de spermes : à tout le moins, pour quel motif dira-t-on que la nature de l'homme est supérieure aux autres, s'il est vrai que l'animation se fait chez l'homme exactement comme chez les vers de cadavres, les vers de terre et les œufs sans germes[38] (?), dont il faut concéder que l'animation se fait de l'extérieur?

[6] Assurément, cela ne saurait être : l'homme engendre un vivant pourvu non seulement d'un corps, mais aussi d'une âme, de quelque nom qu'on veuille la nommer, raisons séminales, puissances, partie, source de vie. D'autre part, c'est le propre des spermes que de se développer avec méthode selon un ordre fixe et de produire tel organe après tel autre; et, de ce qu'ils font pousser les dents après l'enfantement, puis, au cours du progrès de l'âge, la barbe et les poils du pubis,

---

[36] L'être humain, dans l'hypothèse de Porphyre, ne donne naissance qu'à un corps, qui est seulement une partie instrumentale de l'homme entier, le corps servant d'instrument à l'âme.
[37] Six lignes gâtées en P.
[38] Mots douteux.

on ne peut conclure que les parties de cette sorte ne sont pas issus du sperme. C'est d'une manière appropriée que l'être humain, à partir du sperme, est mû de la vie végétative et du mouvement de croissance tant qu'il est dans le ventre, de la vie sensitive quand il en a émergé, de la vie rationnelle quand il a progressé en âge, et en dernier lieu de la vie intellectuelle, sans qu'aucun élément psychique se soit par addition insinué en lui de l'extérieur, mais tout a été d'abord confondu ensemble comme dans la germination des céréales, et même si certaines raisons séminales ne se différencient qu'à un autre moment, par exemple, dans le grain de blé, les raisons séminales du chaume, de la feuille, de la racine ont été unies avant de se différencier, néanmoins ces raisons séminales, non du blé et des [39] (fruits seulement, mais aussi des animaux, ont été d'abord unies dans les semences) et par la suite se différencient.

[7]   Car de même que, dans la noix qui vient d'émerger, tout est ensemble et dans une même masse compacte et verte, puis la cosse et la coque ligneuse sous la cosse se distinguent, à des moments différents, de la pellicule sous la coque, du fruit lui-même dans la pellicule, et des membranes ligneuses qui traversent intérieurement le fruit, et pourtant la raison séminale de la noix reste toujours présente tout entière dans le fruit, de même, disent-ils, toutes les parties ont été confondues dans le sperme, mais elles n'en sortent pas moins de cette confusion et se configurent chacune à part en faisant leur entrée en scène (à des moments différents), et c'est toujours la partie appropriée aux circonstances qui nécessairement se distingue avant les autres. C'est pourquoi, comme il n'est pas encore besoin, durant la grossesse, d'impulsion et d'imagination, les raisons séminales de ces facultés demeurent inactives dans la masse entière de l'embryon, de même que, dans le grain de blé, les raisons séminales du chaume et de la feuille, mais le moment de la sortie de chacune des facultés vient toujours à point pour correspondre aux besoins.

[XVIII, 1]   Maintenant, que le sperme ne soit pas le produit de la seule âme végétative en nous, mais aussi de l'âme sensitive, imaginative et impulsive, c'est ce que prouve à l'évidence le fait que l'émission séminale est provoquée par l'imagination, que d'une manière générale, elle s'accomplit au moyen d'un contact et s'accompagne d'un plaisir corporel et qu'elle peut être suscitée par de certaines sensations : il suffit en tout cas, dit-on, de la simple sensation, puisque parfois

---

[39] Lacune d'une ligne environ.

l'épanchement résulte de la seule vue des beaux corps ; et, pour ce qui est des images vues en songe, elles causent une sécrétion de sperme tandis qu'elles laissent les autres humeurs en repos. Ainsi donc, le sperme n'est pas le produit de la seule âme végétative, mais aussi de l'âme imaginative. Si le sperme était l'ouvrage de la seule âme de nourriture et de croissance, il posséderait sans doute à bon droit le pouvoir de croître et de se nourrir, mais il ne saurait d'aucune façon, n'étant le produit que d'une telle âme, recevoir de cette âme aussi le pouvoir de former des images qui se manifeste dans les représentations voluptueuses, ainsi que les appétits et impulsions qui accompagnent ces images. Dès lors, comment le sperme ne serait-il pas l'ouvrage propre et personnel de la puissance imaginative et impulsive elle aussi [40] ?

---

[40] Le reste est en trop mauvais état pour permettre une traduction.

Table des matières